Aldo Wandersman

E SE VOCÊ FOSSE UMA MARCA?

Torne-se a primeira opção do seu mercado e conquiste seguidores fiéis através do branding pessoal

E Se Você Fosse Uma Marca? — Torne-se a primeira opção do seu mercado e conquiste seguidores fiéis através do branding pessoal

Copyright © 2015 da Starlin Alta Editora e Consultoria Eireli. ISBN: 978-85-7608-915-5

Todos os direitos reservados e protegidos por Lei. Nenhuma parte deste livro, sem autorização prévia por escrito da editora, poderá ser reproduzida ou transmitida.

A editora não se responsabiliza pelo conteúdo do texto, formulado exclusivamente pelo autor.

Erratas e arquivos de apoio: No site da editora relatamos, com a devida correção, qualquer erro encontrado em nossos livros, bem como disponibilizamos arquivos de apoio, se aplicáveis ao livro. Acesse o site www.altabooks.com.br e procure pelo título do livro desejado para ter acesso às erratas e/ou arquivos de apoio.

Marcas Registradas: Todos os termos mencionados e reconhecidos como Marca Registrada e/ou Comercial são de responsabilidade de seus proprietários. A Editora informa não estar associada a nenhum produto e/ou fornecedor apresentado no livro.

Impresso no Brasil — 1ª Edição, 2015

Produção Editorial Editora Alta Books **Produtor Editorial** Thiê Alves **Assistente Editorial** Letícia de Souza	**Gerência Editorial** Anderson Vieira **Supervisão Editorial** Angel Cabeza Sergio de Souza	**Design Editorial** Aurélio Corrêa	**Captação e Contratação de Obras** J. A. Rugeri Marco Pace autoria@altabooks.com.br **Marketing e Promoção** Hannah Carriello marketing@altabooks.com.br	**Vendas Atacado e Varejo** Daniele Fonseca Viviane Paiva comercial@altabooks.com.br **Ouvidoria** ouvidoria@altabooks.com.br
Equipe Editorial	Claudia Braga Carolina Giannini Jessica Carvalho	Juliana de Oliveira Mayara Coelho Milena Lepsch	Rômulo Lentini Silas Amaro	
Revisão Gramatical Iara Zanardo	**Layout** Rômulo Lentini	**Capa** Aurélio Corrêa	**Diagramação** Michelle de Carvalho	

Dados Internacionais de Catalogação na Publicação (CIP)

W245e Wandersman, Aldo.
        E se você fosse uma marca? : torne-se a primeira opção do seu mercado e conquiste seguidores fiéis através do branding pessoal / Aldo Wandersman. – Rio de Janeiro, RJ : Alta Books, 2015.
        204 p. ; 21 cm.

        Inclui bibliografia.
        ISBN 978-85-7608-915-5

        1. Marca pessoal. 2. Sucesso nos negócios. 3. Marketing pessoal - Estratégia. I. Título.

                                                   CDU 658.8
                                                   CDD 658.8

Índice para catálogo sistemático:
    1. Marca pessoal   658.8

(Bibliotecária responsável: Sabrina Leal Araujo – CRB 10/1507)

Rua Viúva Cláudio, 291 — Bairro Industrial do Jacaré
CEP: 20970-031 — Rio de Janeiro
Tels.: 21 3278-8069/8419
www.altabooks.com.br — e-mail: altabooks@altabooks.com.br
www.facebook.com/altabooks — www.instagram.com/altabooks

Este livro é dedicado a todos aqueles que anseiam compartilhar a sua mensagem com o mundo.

Elogios para E SE VOCÊ FOSSE UMA MARCA?

"Mesmo sem que saibamos, e sem abrir mão da nossa essência, todos somos uma marca, expressão que surgiu milênios antes da desgastada palavra marketing e que designa o nosso traço, a nossa essência, e reflete o que simbolizamos. Além da virtude de nos devolver a nossa identidade, já que tanto a educação quanto a mídia nos faz vestir o mesmo uniforme, este livro tem o dom de aprisionar o leitor desde a primeira página, porque sentimos, ao primeiro olhar, que nele somos os protagonistas."

**Autor de vários livros sobre Empreendedorismo, entre eles o consagrado *O Segredo de Luísa*
Fernando Dolabela**

"O livro é leve e consistente. Aldo sempre foi um excelente 'storyteller', e construiu um discurso intimista e esclarecedor. Um livro indispensável para profissionais liberais, empresários e executivos que estejam em busca do oceano azul pessoal."

**Diretor de Desenvolvimento Acadêmico — DeVry Brasil
Ricardo L M Vasques**

"Na velocidade em que vivemos, onde o consumidor é o protagonista, somente uma proposta consistente e verdadeira alcança alguma posição neste novo cenário. Dessa forma, através de uma narrativa calcada no real, alcançando as diversas plataformas que hoje habitamos, o livro nos abre para um novo olhar e uma nova perspectiva sobre nós mesmos e até onde podemos chegar."

Socióloga e sócia da Rio Eye Experience
Karen Rochlin

"Nós estamos acostumados e temos disponível bibliografia sobre empreendimentos coletivos, mas nos falta orientação para as atividades individuais. Como posso e devo me colocar no mercado? Como sou e devo ser percebido? Este livro abre espaço para uma nova visão do empreendedorismo e para o movimento de geração de novos empreendimentos: o profissional empreendedor liberal."

Diretor do Instituto Genesis da PUC-Rio
José Alberto Sampaio Aranha

"Com uma abordagem simples e direta e linguagem acessível, Aldo Wandersman indica com clareza como moldar a percepção que os outros têm de nós, permitindo descobrir e utilizar um patrimônio que todos nós temos, mas a maioria desconhece: nossa marca individual."

Empresário da Construção Civil
Henrique Zonenschein

"Aldo desenvolve uma ideia nova, inspiradora para muitas pessoas, com uma linguagem simples, direta e objetiva. O principal mérito de *E Se Você Fosse Uma Marca?* é abrir uma avenida de possibilidades para aqueles que querem transformar seus sonhos em realidade no mercado."

Maior especialista brasileiro em Cidades Humanas, Inteligentes e Sustentáveis
Prof. Eduardo Costa

"Este livro, escrito de uma forma clara e objetiva, é capaz de provocar uma transformação significativa naquelas pessoas que almejam o sucesso. A grande 'sacada' é o ensino de algumas das técnicas mais utilizadas por grandes empresas, como Apple, Coca-Cola, Nike, BMW, entre tantas outras, para construir suas marcas, adaptando-as para o plano pessoal."

Engenheiro Petrobras
Virgilio Albuquerque

"A obra disseca, de maneira criteriosa, as formas de se reconhecer, valorizar, construir e divulgar enquanto uma marca única. Através do entendimento do conteúdo da obra, aprende-se a consolidar e divulgar como uma marca valiosa. Por esse e tantos outros motivos, esta obra é valiosa e única, um verdadeiro manual do sucesso contemporâneo!"

Médico e Diretor da Clínica de Saúde Intestinal
Pedro Basilio

"Um guia rápido para os profissionais liberais saberem construir sua marca própria: o porquê de construir sua marca própria individual e o passo a passo de como fazê-lo de forma detalhada."

CEO Nearfuture — Agência de Marketing Digital
Rodrigo Araujo

"A busca de identidade e exposição de imagem no mundo das redes sociais tem levado os indivíduos a se comunicarem muitas vezes via 'avatares' pessoais, sejam estes de cunho social ou profissional. Neste livro, Aldo nos mostra de maneira simples, mas estruturada e com passos claros, elementos para aproximar a nossa realidade tangível do 'avatar' idealizado."

Economista
Ricardo Sirotsky

"Jamais li um autor que conseguisse aliar mercado, vale dizer, realidade nua e crua, com pensamento. Conjugar valores imprescindíveis ao ser humano e ao mesmo tempo capacitá-lo a um programa de branding pessoal, lhe permitindo constituir-se, posicionar-se e ainda monetizar sua marca é tarefa árdua e para quem tem muito talento e coragem para se expor publicamente."

Procurador de Justiça do Estado do Rio de Janeiro
Marcos André Chut

SUMÁRIO

Introdução — Todos nós já temos uma marca 1

Capítulo 1 — Defina a si mesmo antes que mais alguém o faça 9

A lição que as grandes marcas nos legaram 14

Uma janela de oportunidade para os pequenos 18

Do "Você 1.0" ao "Você 3.0" 23

Por que construir a sua marca 26

Capítulo 2 — Como funciona uma marca própria 29

Principais benefícios de construir a sua marca 33

Quem necessita de uma marca 35

Auditando o atual status da sua marca 37

Minha descoberta na prática do valor de uma marca 39

O processo de construção da sua marca 47

Capítulo 3 — A fundação da sua marca: Mostre claramente o que é único em você 53

Colocando o pessoal na sua marca 57

Identificando o principal atributo da sua marca 60

Estabelecendo os seus diferenciais 66

Capítulo 4 — O posicionamento da sua marca: Diga no que você é o melhor 73

Definindo a sua audiência ideal 76

Sua marca no contexto da "cauda longa" 81

Criando o posicionamento da sua marca 84

Capítulo 5 — A embalagem da sua marca: Comunique o seu valor para impactar a sua audiência 91

A sua proposição única de valor 95

Criando a declaração da sua marca 102

Modelando a mensagem da sua marca 105

Capítulo 6 — A promoção da sua marca: Como o mundo pode se conectar e interagir com você 115

Construindo a plataforma da sua marca 123

Criando a sua identidade online 126

Como ganhar visibilidade para a sua marca digital 129

Seu blog como o centro da sua plataforma de marca 133

Mídia social: Ampliando a sua influência 137

Outros recursos para ampliar o poder da sua plataforma 160

Capítulo 7 — Todos podem construir uma marca digna de ser lembrada 171

Descobrir a sua marca é encontrar a sua voz 175

O mundo precisa da sua marca 179

Bibliografia 187

INTRODUÇÃO

⚙ Todos nós já temos uma marca

Este livro foi elaborado em torno de três argumentos centrais:

- A estratégia ideal para dar conta das atuais demandas do mercado se baseia na construção de marcas;

- Marca é um conceito pertinente a toda e qualquer iniciativa, incluindo indivíduos como eu e você;

- Iniciativas que adotarem uma estratégia de marca estarão mais bem posicionadas para obter sucesso daqui em diante.

A despeito do que pode parecer à primeira vista, este não pretende ser um daqueles exaustivos compêndios de marketing, com toneladas de teorias sobre as exigências crescentes do mundo corporativo.

Ao contrário, se destina a qualquer um disposto a dar o melhor de si para fincar sua bandeira na arena dos negócios e obter um lugar ao sol, seja você um pequeno empreendedor, profissional liberal, artista, empresário ou autônomo de qualquer área. As informações que irei compartilhar aqui são fruto da minha experiência, estudo e observação durante os últimos dez anos e, portanto, oriundas de uma visão prática dos negócios e da vida.

Vou me apresentar e falar a meu respeito em seguida, mas primeiro vamos direto ao ponto de que trata este livro.

Introdução

Não sei se isso é novidade, mas para prosperar daqui em diante, você terá que aprender a se posicionar como marca. Geralmente, ao ouvir isso, as pessoas pensam ou no nome de um produto ou em uma marca conhecida. E, pensando assim, não conseguem se identificar com a ideia de ter uma marca própria, pois, obviamente, não se veem nem como uma coisa, nem outra.

Muita gente também comete o equívoco de pensar que logomarca é a marca de uma empresa. Embora importante, é apenas a representação visual de uma marca, assim como um site, blog, página no Facebook ou cartão pessoal. Para uma empresa, a marca é a soma de tudo isso e muito mais, é a impressão final gravada na mente do público.

Aqui, quando falamos em ter a sua própria marca, nos referimos a algo que tange a vida de cada um e de todos: a percepção que os outros têm de você. Ou seja, as três ou quatro palavras que as pessoas associam imediatamente toda vez que o seu nome é pronunciado. Essa percepção é o que chamamos de marca.

Embora inerente a todos nós, a verdade é que pouquíssimas pessoas já se deram conta da possibilidade de moldar essa percepção a fim de causar a melhor impressão possível em uma audiência. Aliás, por incrível que pareça, a maioria — e talvez você se inclua nesse grupo — ainda nem se deu conta de que já possui uma marca.

Ou seja, independentemente da sua vontade, os outros — mercado, público, clientes — já estão formando uma opinião a seu respeito neste exato instante. Que tal se a partir de hoje você moldasse essa percepção e fosse percebido como alguém único, provedor de algo distinto, o líder na sua categoria? Que tal ser visto a partir de agora como marca? Já

Introdução

imaginou o impacto no seu negócio, atividade, carreira e, em última instância, na sua vida?

Cuidar da sua marca deixou de ser opcional e passou a ser uma condição absolutamente necessária no novo contexto em que estamos vivendo. Nosso mundo mudou drasticamente nos últimos anos com o advento da internet, a explosão das redes sociais, a expansão global da telefonia móvel e a crescente mobilidade da informação viabilizada pelos tablets, entre outros avanços tecnológicos. Essa evolução online vem transformando negócios, carreiras, mercados, sistemas de aprendizado, relacionamentos e praticamente todos os aspectos da vida.

Um dos avanços mais notáveis se deu na visibilidade das iniciativas. A democratização da mídia e dos meios de publicação e distribuição de conteúdo transformou para sempre o sentido do que significa divulgar você e seu negócio. De repente, qualquer um em qualquer lugar do planeta tem acesso a ferramentas de comunicação poderosas, instantâneas e gratuitas — e não há limite para o que são capazes de atingir. Deixamos de consumir conteúdos passivamente e nos tornamos provedores ativos.

Fomos transportados de um mundo onde as grandes companhias e os gigantes da mídia tinham total controle sobre a comunicação em geral para outro onde indivíduos, pequenas marcas e grandes empresas se encontram mais ou menos nivelados no mesmo patamar. Hoje, cada um pode criar e disponibilizar o seu próprio canal.

Por outro lado, a competição em todos os mercados se acirrou a tal ponto que as diferenças se tornaram imperceptíveis aos nossos olhos. Consumidores consideram a maioria dos produtos e serviços muito parecidos, oferecendo mais seme-

Introdução

lhanças que diferenças. Em função disso, já vai longe o tempo em que qualidade era garantia de sucesso nos negócios. Hoje, bons produtos muitas vezes não sobrevivem e os melhores prestadores de serviço nem sempre atraem atenção.

Assim como vem ocorrendo no saturado mercado de produtos, nossos negócios e carreiras também foram atingidos pelo fenômeno de falta de diferenciação.

Nesse contexto, continuar pretendendo que haverá gente interessada no que temos a oferecer, considerando apenas a qualidade, é uma abordagem ultrapassada.

Se quisermos prosperar em nossos negócios ou carreiras, teremos que aprender a dar ao mercado uma resposta que vá além da mera divulgação dos atributos de nossos produtos e serviços. A resposta à pergunta essencial do consumidor, "por que eu deveria escolher você?", poderia, então, ser resumida em uma única palavra: marca.

Para ser influente, cada um de nós terá que dispor de alguma coisa que valha a pena ser dita, de uma mensagem impactante e coerente, das ferramentas certas e das estratégias adequadas para superar a indiferença do consumidor e alcançar resultados compensadores.

Isso significa que tanto a sua marca quanto as suas mensagens terão que ser bem articuladas, relevantes, compartilháveis e autênticas. Em muitos casos, você terá que mudar toda a sua abordagem em relação à condução do seu negócio, carreira ou atividade profissional.

No final das contas, o sucesso a partir de agora consiste em ser admirado por aquilo que temos de mais autêntico, e percebido como autoridade nos tópicos sobre os quais pre-

Introdução

tendemos ser reconhecidos. Serão essas as pessoas e negócios dos quais vamos ouvir, falar a respeito e, em última instância, de quem iremos comprar.

Pessoas que conhecemos, de quem gostamos e em quem confiamos. Pessoas como nós. Pessoas que entendem e provêm o que necessitamos. Pessoas que sabem sobre o que estão falando em tópicos específicos. Pessoas memoráveis.

Em muitos casos, serão as que estamos acostumados a ver na mídia tradicional — jornalistas, celebridades e personalidades da TV, entre outros.

Porém, com a marca certa, a estratégia correta e algum esforço da sua parte, essa pessoa pode perfeitamente ser você.

Como veremos, construir a sua marca própria é reunir os seus melhores talentos, personalidade e principal atributo, e embalar tudo isso em uma poderosa identidade que ressalte o seu negócio acima da multidão de concorrentes anônimos.

Ver a si mesmo como marca tem muitas vantagens. A primeira é aprender a olhar para si como uma iniciativa em um mercado competitivo — uma visão realista do contexto. Fiz essa descoberta na prática, de uma forma bastante dura, há muitos anos. A noção de que já possuía uma marca, e que caberia a mim gerenciá-la se quisesse obter resultados significativos, entrou na minha vida depois de ter sofrido um revés na minha carreira. Trabalhava como redator em uma grande agência de publicidade multinacional em São Paulo e achava que as coisas estavam indo bem, até que um belo dia fui surpreendido por uma demissão. Atingido em cheio com um soco pela mão invisível do mercado, conheci naquele momento o lado mais obscuro do mundo corporativo:

a instabilidade de um emprego. Ali descobri também o lado até então oculto do meu potencial: o desejo de empreender.

Levei muitos anos e passei por inúmeras experiências frustradas até entender que sempre faltava a peça que permitiria montar o meu próprio quebra-cabeça, algo que traduzisse a minha experiência única e a minha capacidade específica de agregar valor.

Essa peça, a pedra de toque capaz de fazer todas as outras se encaixarem com perfeição, como descobri há alguns anos e espero que você faça o mesmo, é a possibilidade de construir nossas marcas.

Com o mix correto de ações e estratégias, é possível a qualquer um posicionar-se e divulgar-se como marca em um espaço de poucos meses. Isso significa basicamente moldar a percepção do público a fim de ser percebido como a principal referência em seu campo de atuação, algo absolutamente necessário, essencial e definitivo.

Ao posicionar a sua marca, você adquire instantaneamente reconhecimento e prestígio. Em consequência, sua vida social ganha uma nova dinâmica na medida em que passa a usufruir do status de autoridade em seu segmento.

A construção da sua marca vai impulsionar o seu negócio, atividade ou carreira de forma exponencial e o colocar em absoluta vantagem competitiva durante as próximas décadas. Isso já vem acontecendo com indivíduos e iniciativas que ingressaram em um novo patamar profissional e empresarial a partir do momento em que passaram a se posicionar como marcas.

Introdução

Nas próximas páginas, quero compartilhar toda a informação necessária para ajudá-lo a se posicionar como marca o mais rapidamente possível, sem cometer equívocos comuns e sem desperdiçar o seu tempo. Tenho a certeza de que, como aconteceu comigo, este conceito vai ajudá-lo a encontrar respostas para alguns dos dilemas mais importantes no que se refere à construção do seu futuro.

Na primeira parte, vou mostrar o significado de marca pessoal e o que é necessário para se ter uma. Você vai se dar conta de que já possui uma marca, capaz de moldar a percepção que deseja causar na sua audiência, e que o branding pessoal segue as mesmas estratégias utilizadas pelas grandes marcas corporativas. Também vai entender a evolução do conceito até os dias de hoje, as oportunidades abertas no contexto atual do mercado para quem construir sua marca própria e ainda o porquê de fazê-lo.

Na segunda parte, vai entender como o eixo das marcas se deslocou na direção do indivíduo, conhecer os principais benefícios de construir e saber a quem se destina a construção de uma marca, e ainda auditar o atual estágio da sua marca pessoal.

Também vou compartilhar a minha história e a maneira como a construção de uma marca própria entrou na minha vida, na expectativa de que sirva de inspiração para você.

Você vai entender ainda o escopo da construção de uma marca pessoal de sucesso, os principais obstáculos que as pessoas encontram e como evitá-los, as fases que compõem o processo de construir uma marca e o que ela não pode fazer por você.

Introdução

Na terceira parte, vamos entrar no processo propriamente dito de construção da sua marca pessoal, estabelecendo os elementos da fundação da sua iniciativa.

Em seguida, na quarta parte, vamos cobrir tudo acerca do posicionamento da sua marca, da definição do seu nicho à identificação da audiência ideal, além de explorar os seus diferenciais.

Na quinta parte, você vai conhecer as diretrizes para formatar a sua marca e embalar a sua mensagem de forma a impactar a sua audiência e estabelecer uma assinatura memorável.

Na sexta parte, dedicada à promoção da sua marca, você será apresentado a todas as estratégias e canais para construir uma presença online e ampliar o alcance da sua iniciativa.

Na sétima e última parte, vamos recapitular os principais pontos de todo o processo, além de apresentar um comovente *case* de sucesso através da construção de uma marca pessoal.

Ao final da leitura deste livro, você estará plenamente capacitado a construir, posicionar e se divulgar como marca.

Antes de mergulhar na descoberta das novas e fantásticas perspectivas que a construção da sua marca vai abrir no seu horizonte, gostaria de felicitá-lo por ter tido a coragem de dar o primeiro passo no sentido de construir o principal ativo da sua vida.

A partir de agora, prepare-se para ser, viver e respirar a sua marca.

Se você não é uma marca, você é uma mercadoria.
Philip Kotler

CAPÍTULO 1

Defina a si mesmo antes que mais alguém o faça

> "Uma grande marca se apoia em emoções. Emoções dirigem a maioria, se não todas as nossas decisões. Uma marca atinge o mercado com uma poderosa experiência de conexão. É um ponto de conexão emocional que transcende o produto."
>
> **Scott Bedbury, Nike**

Você já sentiu alguma vez que, embora fizesse algo melhor do que outros em sua categoria, eles conseguiam obter resultados superiores aos seus?

Você se vê como alguém único, competente e com quem vale a pena fazer negócios?

Baseado nas incontáveis vezes que fiz perguntas como essas a diferentes interlocutores, posso intuir que, tal qual a maioria, você também deve ter respondido afirmativamente a elas.

Afinal, independentemente do que cada um faz, aspiramos a traduzir os nossos valores para os outros. Queremos receber respeito, reconhecimento e, embora a maioria não admita, até mesmo admiração. A realidade é que cada um de nós, independente da posição na vida, quer ser digno de ser notado. Não se trata de ser uma pessoa extraordinária, mas uma pessoa comum que realiza coisas extraordinárias. Nisso reside a habilidade de agregar valor. No entanto, o fato é que essa habilidade tem que ser evidenciada, ganhar visibilidade e ser percebida de determinada maneira pelo público para

Defina a si mesmo antes que mais alguém o faça

o qual transmite valor. A construção da sua marca pretende moldar justamente essa percepção que os outros têm de você e do seu negócio.

Tradicionalmente, marca pessoal era algo restrito a personalidades do esporte. Depois, esse status passou a ser conferido também aos ídolos do cinema, até que, inesperadamente, esse círculo se rompeu com a proliferação de contatos possibilitados pela explosão das mídias. Estabeleceu-se, então, uma nova dinâmica de mercado, onde, para ter uma marca, ninguém precisa ser necessariamente famoso, pois os mesmos princípios se aplicam aos líderes de qualquer categoria.

Tornar-se a liderança no seu segmento, portanto, inclui assumir a responsabilidade de construir e posicionar a sua marca, pois, se não estiver ativamente controlando a maneira como os outros percebem quem você é e quais valores agrega, o mercado fará isso por você.

Construir a sua marca significa projetar para os clientes as suas qualidades em potencial através de uma mensagem clara. Não se trata de criar um novo personagem para você. Muito pelo contrário, trata-se de evidenciar os seus melhores atributos, projetar de forma clara e objetiva aquilo pelo que você é ou deseja ser reconhecido — um resumo de conquistas, características e valores pessoais — para o público que pretende atrair.

Há certa confusão entre o significado de ter uma marca própria e fazer marketing pessoal. Enquanto o segundo atua no nível da aparência, o primeiro lida com a missão, com sua razão de existir, com aquilo essencial em você. É a construção estratégica de uma entidade que cause na sua audiência a percepção mais correta e apropriada para os seus objetivos de negócio e de vida.

Defina a si mesmo antes que mais alguém o faça

A fim de esclarecer outros termos similares, é importante fazer desde já uma distinção entre marketing e branding. A maioria tende a considerá-los sinônimos, embora sejam complementares. Enquanto o marketing pretende levar potenciais clientes a se tornarem consumidores através de alguma ação do tipo "compre já", "ligue agora" ou "clique aqui", o branding condensa as expectativas emocionais e as promessas que devem existir entre um produto e sua audiência. Por isso o foco aqui será em ajudá-lo na formulação do branding e não do seu marketing pessoal. Para entender essa distinção, costumo fazer uma analogia. Imagine que está desenvolvendo um filme. Os seus esforços de marketing são o script, enquanto o seu branding são os atores selecionados para os principais papéis. Um bom script, ou uma boa campanha de marketing, pode se revelar um absoluto fracasso se os atores, sua marca, não tiverem um desempenho consistente e memorável.

Todos têm marcas e qualquer um pode se tornar uma pessoa admirável. Isso não envolve uma mudança de personalidade, nem se trata de fazer você parecer algo que não é, mas sim de colocar cada vez mais na equação o que é único em você — o fator que faz do branding pessoal algo tão poderoso.

O que distingue uma pessoa comum de uma pessoa que possui uma marca é que esta última tem uma identidade forte, capaz de utilizar suas maiores qualidades para fazer a diferença. Portanto, usar técnicas de marketing apenas para criar um perfil interessante não transformará ninguém em uma grande marca. No entanto, isso é o que tentam vender com as chamadas técnicas de marketing pessoal, que tratam de trabalhar as suas características para se adequar à imagem que você gostaria de transmitir.

Uma marca, por outro lado, transmite o seu valor. Quando é capaz de fazer a diferença, você deixa uma impressão definitiva e a sua marca ganha pontos, gravando na mente de clientes atuais e futuros a mensagem que o posiciona como a resposta para os seus dilemas. A cada nova impressão significativa que deixa, você estabelece relações de confiança com o público. Como a habilidade para construir relacionamentos confiáveis é um dos principais componentes do sucesso individual e profissional, pessoas que se tornam marcas fortes desfrutam de uma aura de empatia: conquistam aquilo que desejam simplesmente sendo mais o que já são.

Não se trata de levar o seu mercado-alvo a preferi-lo ao invés da concorrência, já que poucos fazem escolhas lógicas ao decidir entre vários fornecedores, pois, além de tempo para isso, faltam parâmetros de diferenciação disponíveis e confiáveis.

Através da construção da sua marca, o mercado vai deixar de fazer opções o confrontando com a concorrência. Ao invés disso, irá percebê-lo como a única solução para o seu problema, visto que uma marca tem o poder de estabelecer conexões entre sua identidade e os serviços que você presta — e que os clientes necessitam. Conexões estas que podem ser traduzidas como um link emocional. É exatamente isso que o branding pessoal — a construção da sua marca — vai ajudá-lo a fazer: moldar a percepção com que deseja ser percebido pelos outros.

A lição que as grandes marcas nos legaram

Considere por um momento as grandes marcas do nosso tempo — Nike, McDonald's, Coca-Cola, Disney — e suas estratégias vencedoras. Através de uma meticulosa construção de marca, que transcende e amplifica a mera exposição de seus produtos,

Defina a si mesmo antes que mais alguém o faça

elas forjaram uma relação sólida com o consumidor, passando a ser cultuadas e gerando vínculos de fidelidade e admiração.

Branding pessoal funciona porque se baseia nas mesmas estratégias implementadas pelas grandes marcas, porém adaptadas ao contexto das iniciativas solo, tais como empreendedores individuais, pequenos empresários ou até mesmo empregados.

Uma empresa como a Nike, por exemplo, poderia ser apenas uma dentre milhares de fornecedores de material esportivo. No entanto, ela é mais que isso. Amparada pelo ícone de um "aprovado" estilizado e pelo consagrado slogan "Just Do It", ela não se limita a vender pares de tênis, mas a própria experiência de praticar uma atividade esportiva, seja ela qual for. Sob o guarda-chuva dessa marca, é valorizado o atleta anônimo, qualquer um disposto a se movimentar — e não só os grandes ídolos do esporte. Em troca, recebe a admiração — e também os dividendos — de milhões de esportistas amadores.

Quando foi apresentado pela premiada agência Wieden & Kennedy, o conceito "Just Do It" era tão fora da curva que surpreendeu os executivos da Nike. A fonte de inspiração não poderia ser mais surpreendente. Em 1976, um condenado à pena de morte, Gary Gilmore, teria dito essa frase quando perguntado quais eram as suas últimas palavras: "let's do it",— que poderia ser traduzido por "vamos logo com isso". Mais de 10 anos depois, em 1988, aquelas palavras repercutiram na cabeça de Dan Wieden, um dos sócios-fundadores da agência, que, ao trocar "let's" por "just", alterou o sentido da frase e gerou então a força necessária para propô-la como slogan da Nike. Scott Bradbury, então Diretor de Marketing da empresa, percebeu o seu potencial e o adotou, construindo a partir dali uma das mais brilhantes estratégias de po-

Defina a si mesmo antes que mais alguém o faça

sicionamento da história recente. Ninguém podia imaginar que estava nascendo ali o último grande slogan do século XX, o qual sobrevive até hoje, passados mais de 25 anos da sua criação.

Seguindo a mesma linha de raciocínio, o McDonald's não é apenas mais uma rede de fast-food, tendo ampliado o posicionamento de sua marca a fim de ser percebido como um local onde a família e os amigos podem desfrutar de momentos agradáveis e descontraídos. Uma estratégia bem articulada que logrou associar a experiência banal de um hambúrguer com fritas a algo intangível, gerando impressões altamente positivas para a marca. Pode-se até não morrer de amores por um milk-shake, mas quem é capaz de resistir ao poder imaginário de uma cadeia de fast-food que adota a assinatura "Amo muito tudo isso"?

Também vamos encontrar estratégias similares na centenária Coca-Cola, que vem atravessando décadas de prestígio inabalado, vinculando seu produto a todo um estilo de vida associado a momentos de prazer e confraternização. De tempos em tempos, ela é reposicionada, mantendo sempre uma mensagem de forte apelo para as novas gerações. Mais que um *case* de posicionamento, é um exemplo de gerenciamento de marca, coerente e consistente com a forma como apresenta seus produtos.

Considere ainda a Disney, gigante do entretenimento que transformou personagens de desenho animado em fenômenos de mídia, criando um universo de absoluta magia onde até os adultos têm a oportunidade de virarem crianças novamente. Tome esses e outros exemplos para concluir que marcas de sucesso não se limitaram a atender as demandas de seus mercados, mas foram hábeis ao enriquecer a experiência do cliente, elevando o ato de consumir a outro nível. Estabeleceram assim uma conexão emocional sólida, gerando um grau de fidelização praticamente inabalável.

Teriam se tornado líderes apenas martelando a cabeça do mercado durante décadas com os fantásticos atributos de seus produtos? Provavelmente não. Na guerra por diferenciação — tópico que analisaremos à frente —, moldaram a percepção a respeito de suas marcas "vendendo" experiências. Ou, como sintetizou certa vez o fundador da empresa de cosméticos Revlon, Charles Revson: "Na fábrica fazemos cosméticos, nas lojas vendemos esperança".

Para tirar uma lição proveitosa da estratégia por trás das grandes marcas, atente, porém, para o fato de que elas se encontram no topo da cadeia alimentar, tratando de engolir o que vier pela frente ao defender sua parcela de mercado. Elas estão mais focadas em assegurar cada espaço conquistado do que em abocanhar novos mercados. No entanto, nem sempre foi assim. No início, elas adotavam estratégias agressivas de branding, a fim de se posicionarem como a solução ideal, a escolha preferencial de suas audiências. Portanto, a título de referência, deve-se olhar para o que faziam quando eram pequenas e buscavam um crescimento rápido.

Para ilustrar essa abordagem, vamos utilizar o exemplo de uma empresa bem conhecida, a Federal Express, a maior companhia de entregas do mundo. Nos seus primórdios, a forma como queria ser lembrada estava sintetizada na seguinte assinatura: "Quando algo tiver que chegar sem falta no dia seguinte." Uma afirmação categórica, direta, sem rodeios, que gera a associação imediata entre um problema e sua solução. Anos depois, a empresa se rebatizou como Fedex e adotou a assinatura "O mundo pontualmente". Um bom slogan? Sem dúvida, mas bem menos direto ao ponto, no sentido de articular uma solução para um problema, do que aquele que a alçou à liderança em seu mercado.

Portanto, ao considerar o posicionamento de sua marca pessoal — tópico que abordaremos à frente —, não se norteie pelo tipo de branding praticado por quem ocupa a liderança, mas pelo que era feito antes de se tornar líder. Resumindo: não tente começar sendo a "Fedex", mas sim a "Federal Express" do seu nicho.

Você deve estar se perguntando o que todas essas megamarcas têm a ver com a sua atividade. Afinal, é um fato inegável que, para atingir esse status, elas foram impulsionadas por campanhas bilionárias na mídia. Mas, convenhamos, também é fato inegável que parte de sua estratégia vencedora — como se posicionaram para conquistar e ampliar seus domínios — faz todo o sentido no universo das marcas individuais.

Uma janela de oportunidade para os pequenos

Nossa sociedade altamente conectada confirmou a profecia de um planeta cada vez menor. Sim, nosso mundo encolheu, tornou-se plano e infinitamente mais competitivo. E não é preciso ser profeta para saber que, sem o pacote certo, capaz de conduzi-lo ao próximo estágio na sua atividade, negócio ou carreira, você provavelmente vai ficar pelo meio do caminho. Ou seja, esteja equipado para alavancar o poder da sua marca pessoal ou se prepare para ficar obsoleto.

A boa notícia é que, embora saturado, pode ser mais fácil do que nunca se tornar único e distinto no atual estágio do mercado. A internet provê uma infinidade de ferramen-

Defina a si mesmo antes que mais alguém o faça

tas e recursos que permitem construir relacionamentos reais e consistentes com audiências, um fator crítico de sucesso para qualquer marca.

Sabemos que mudanças estão ocorrendo em um ritmo vertiginoso e temos consciência de que precisamos nos adaptar aos novos tempos. Mas o que realmente significa isso? Como devemos lidar com toda a conectividade disponível, com a velocidade da comunicação online, com as expectativas mutáveis do consumidor?

Durante as últimas décadas, os negócios prosperaram por serem mais velozes, eficientes ou baratos que os concorrentes — e o resultado foi uma abundância de produtos descartáveis e massificados. No entanto, as barreiras geográficas e culturais começaram a cair diante do fluxo irrestrito de informações, compartilhamento viral e apelo universal da mídia. De repente, o consumidor tem uma capacidade ilimitada de busca que lhe possibilita encontrar exatamente o que deseja — e não parece disposto a se contentar com menos.

As grandes empresas vêm tentando responder a essas novas demandas oferecendo serviços personalizados e customizados, esbarrando, porém, nas limitações impostas pelo próprio modelo de padronização que lhes permitiu produzir em larga escala com eficiência. Simplesmente não há como se especializar o suficiente para atender as demandas de todos os seus clientes.

Isso deixou a porta aberta para o pequeno empreendedor capturar e satisfazer o consumidor. Toda uma ideologia empreendedora emergiu em torno dessas novas oportunidades na arena digital, onde basta identificar um nicho e estabelecer o posicionamento correto para se tornar um líder ou expert confiável. Com as ferramentas certas, as estratégias e a mentalidade adequadas, qualquer um pode identificar uma esfera lucrativa e tornar-se influente dentro dela.

As evidências estão por toda parte. Marcas minúsculas nascidas em dormitórios de estudantes universitários são capazes de enfrentar grandes empresas estabelecidas apenas cativando consumidores na web — e, ainda por cima, a custo zero.

Comerciantes montam lojas online em questão de horas, oferecendo produtos baratos e direcionados a audiências específicas com precisão de laser.

Se um consumidor está contente — ou descontente — com um serviço, pode compartilhar sua (in)satisfação com milhares de pessoas através de um simples clique.

Contudo, se por um lado essas plataformas online são baratas ou até mesmo gratuitas, por outro demandam tempo para serem implementadas. Além disso, disponibilizar o conteúdo com a qualidade certa para uma determinada audiência ganhou mais importância, pois agora as pessoas têm cada vez mais opções.

Tradicionalmente, para ter acesso à mídia em larga escala, era necessário pagar grandes somas, e ainda mais para anunciar, mas o retorno compensava, pois o colocava em contato direto com a atenção do consumidor — podia-se interrompê-lo a qualquer momento e convencê-lo a comprar ou acreditar em quase tudo. Agora, poderosas plataformas de publicação multimídia com alcance global são acessíveis tanto operacional quanto financeiramente a qualquer um, mas cabe à audiência sintonizar ou não a sua mensagem ou canal quando desejar.

Defina a si mesmo antes que mais alguém o faça

A mídia social, por outro lado, ao contrário do que muitos imaginam, não é uma nova plataforma de publicidade. Antes de mais nada, ela está voltada para a interação humana, e abordá-la como um exercício de autopromoção é um convite ao fracasso. A mídia social, a internet e a conectividade global significam que podemos atingir uma ampla audiência — algo muito impactante. Porém, se a nota certa não for tocada, pode provocar um estrago imediato na sua reputação. Portanto, antes de divulgar a sua marca, é fundamental ter a mensagem correta.

Quando pensar na "nota certa", tenha em mente que a informação também virou uma mercadoria abundante, acessível a qualquer um através dos mecanismos de busca, tais como o Google. Mais informação, porém, não conduz necessariamente a melhores decisões. Sem direcionamento, é quase impossível distinguir entre verdade e especulação. Para além da mera informação, foi o conhecimento personalizado que emergiu como uma mercadoria preciosa.

Todo esse novo contexto abriu uma fantástica janela de oportunidade para pessoas comuns dispostas a fazer a diferença no mundo — como eu e você. No entanto, se caíram barreiras que limitavam o acesso do indivíduo a mercados globais, qual será o fator dominante de agora em diante? A chave para o sucesso nesse novo mercado social chama-se autenticidade. Significa construir a sua expertise em torno de algo que realmente importa para você e, em seguida, se divulgar através de uma marca que tenha apelo para outras pessoas com interesses em comum com os seus.

Necessitamos de um novo olhar que nos permita perceber, por debaixo do emaranhado em que nos movemos agora, os movimentos sutis que fazem emergir iniciativas poderosas do dia para a noite. Não deixa de ser curioso que, ao nos depararmos com os maiores ícones do planeta, sejamos incapazes de compreender a sutileza por trás de suas fundações.

Olhamos para a Apple e, hipnotizados pela personalidade magnética de Steve Jobs, não atentamos para a beleza e o refinamento de sua estratégia, da obviedade por trás de sua marca adorável. Melhor do que ninguém, Jobs entendeu o potencial subjacente de uma plataforma e, mais que uma suíte integrada de produtos, criou um ambiente inteiro de conexão e interatividade. Já reparou que os consumidores da Apple normalmente não têm apenas um, mas vários produtos da empresa? Leve isso em conta quando estiver formatando as ofertas que impulsionarão a sua marca.

Da mesma forma, a garotada volta os olhos para o Facebook, e, enquanto muitos sonham em se tornar o novo "Zuckerberg"[1], passa despercebida a sutileza por trás do posicionamento e da construção da marca da maior rede social do planeta. Como se chega a impressionantes um bilhão de usuários? Gerando um valor congruente para um nicho específico e se posicionando como a resposta para uma audiência ávida por uma solução simples, direta e criativa. Muitas pessoas esquecem que, quando começou, o Facebook era uma rede de relacionamentos exclusiva e limitada aos alunos da Universidade de Harvard. Aponte um nicho específico e uma audiência cativante e eu lhe mostrarei o caminho das pedras de uma marca global. Não esqueça desse ponto ao selecionar o nicho de atuação da sua marca.

E, finalmente, quando olhamos para um afro-americano com nome de origem árabe e ficamos estarrecidos com a sua ascensão à presidência da maior potência do planeta, não descortinamos os movimentos sutis de construção de uma

---

[1] Mark Zuckerberg, criador do Facebook.

marca pessoal de sucesso por trás desse evento. Para chegar ao poder, Barack Obama utilizou duas ferramentas acessíveis a qualquer um: o e-mail e as redes sociais. O resto é um pouco de carisma e posicionamento — claro que estou simplificando ao máximo, mas você entendeu o ponto. Utilize esses mesmos princípios quando estiver focando na promoção da sua marca digital.

Do "Você 1.0" ao "Você 3.0"

Se as marcas são mais importantes do que nunca — e são, basta perguntar à Apple, à Starbucks ou ao Twitter —, então a capacidade do indivíduo em edificar uma marca pessoal é uma questão séria demais para ser delegada a alguém que não ele mesmo.

O primeiro e maior obstáculo, porém, é que a ideia de se ver e divulgar como marca ainda soa estranha para muita gente, como se na verdade ocultasse apenas uma nova forma de autopromoção ou egocentrismo. Mas não é. É um assunto demasiado importante, que o famoso guru da administração e autor do best-seller *In Search of Excellence*, Tom Peters, abordou pela primeira vez em 1997, em um artigo na revista *Fast Company* intitulado *The Brand You ("A Marca Você")*.

Peters resumia assim o conceito emergente: "Independentemente da idade, independentemente do cargo, independentemente do negócio em que estamos envolvidos, todos nós precisamos entender a importância do branding. Nós somos os CEOs das nossas próprias empresas: Eu S.A. Para estarmos envolvidos nos negócios atuais, a nossa tarefa mais importante é ser o diretor de marketing da marca chamada você. Você é uma marca tanto quanto a Nike, a Coca-Cola, a Pepsi ou a Body Shop."

"Para começar a pensar como seu gerente de marca favorita, faça a si mesmo a mesma pergunta que os gerentes de marca da Nike, Coca-Cola, Pepsi ou Body Shop fazem: o que é que torna único e distinto o meu produto ou serviço?"

E Peters prosseguia: "É simples: você é uma marca. Você está no comando da sua marca. Não existe um único caminho para o sucesso. E não há uma maneira certa de criar a marca chamada você. Exceto isto: comece hoje."

Peters nos deu o início de um insight: tal qual ocorre com os ícones corporativos, pessoas que se conectam conosco têm algum tipo de emoção e pensamento semelhantes ao pensar sobre nós. Essa tatuagem mental gerada pela personalidade e reputação combinadas é a essência da nossa marca pessoal.

No entanto, Peters escreveu isso em um mundo onde os indivíduos estavam limitados pela forma como poderiam divulgar suas marcas pessoais, pois, em 1997, a internet ainda engatinhava rumo ao seu formato comercial.

Como veremos, o conceito de branding pessoal — ou da "Marca Você", como Peters preferia chamar — continua mais válido do que nunca. Graças aos avanços tecnológicos e à explosão das mídias sociais, ele foi turbinado com esteroides digitais, possibilitando às pessoas expandir ainda mais a sua influência e capitalizar sobre micromarcas globais.

Agora, no mundo dos blogs e das redes sociais, nossas marcas estão ecoando 24 horas por dia, e o conteúdo que disponibilizamos online diz mais sobre quem somos como indivíduos do que qualquer página de currículo seria capaz.

Defina a si mesmo antes que mais alguém o faça

Os primeiros autores que abordaram o branding pessoal advogavam várias estratégias para aperfeiçoar e divulgar valores positivos associados ao nome de uma pessoa como marca.

No entanto, para a maioria deles, as prescrições e conselhos iniciais se voltavam para tópicos como aparência, vestuário, cartão de visitas e outros itens pessoais. Esse tipo de abordagem superficial foi rotulada como marketing pessoal, ou seja, a capacidade de um indivíduo causar uma boa impressão através de artifícios focados na melhoria de sua imagem — algo que pouco tem a ver com construir marcas.

A abordagem do conceito de construção de uma marca pessoal finalmente começou a amadurecer ao adotar os mesmos princípios e estratégias aplicados com sucesso pelas grandes empresas.

Hoje, como Tom Peters previu há mais de 15 anos, a questão afeta a todos, sejam eles empreendedores, microempresários, profissionais liberais, executivos ou artistas. E a conclusão é óbvia: quem não estiver consciente de seu nome como marca estará em desvantagem nos próximos 5 a 10 anos.

Acompanhando essas mudanças gigantescas na forma como trabalhamos, vivemos e nos comunicamos, o branding pessoal evoluiu para tornar-se uma poderosa ferramenta à disposição de todos e de cada um. Se alguém quiser obter informações a seu respeito, irá simplesmente digitar o seu nome no Google. Leva apenas alguns segundos para obter os resultados e formar uma opinião sobre quem você é e o que representa.

Se a sua presença não for detectada nas primeiras páginas do Google, o que a sua marca está dizendo é que você não parece ser importante o suficiente para figurar nos resultados do principal mecanismo de busca do planeta. Essa pro-

Defina a si mesmo antes que mais alguém o faça

vavelmente não é a mensagem que você deseja enviar para potenciais clientes, colaboradores e uma network inteira de possíveis parceiros de negócios.

E Se Você Fosse Uma Marca? trata exatamente da forma como podemos gerenciar nossas marcas nesse novo ambiente digital e construir uma presença mais significativa e relevante, alinhada com os propósitos de nosso negócio, carreira ou atividade profissional.

A propósito, você já se fez essa simples pergunta: o que as pessoas encontrariam se buscassem hoje pelo seu nome no Google?

Por que construir a sua marca

Espero que, a esta altura, já tenha tomado plena consciência da importância de construir e gerenciar a sua própria marca.

Já lhe apresentei várias definições para o conceito, mas talvez você possa ter uma noção ainda mais clara através de um exercício bem simples. Pense por alguns instantes em alguém do seu círculo que você admira. Agora escreva as primeiras três ou quatro palavras que você costuma associar ao nome dessa pessoa.

Ou seja, uma das principais descobertas a respeito de marcas é que não se aplicam exclusivamente a corporações ou celebridades. Valores, qualidades e rótulos serão sempre associados a nomes, pois é parte da natureza humana generalizar e simplificar. Há tanta informação à nossa volta, que estamos pré-programados a colocar as pessoas e coisas em "caixinhas".

O nome de alguém, como qualquer marca, sugere palavras significativas. Esses termos e adjetivos vão formar a percepção inicial do valor e do caráter dessa pessoa e influenciar a maneira como o mundo interage com ela.

Ou seja, a marca é a descrição sintética que os outros têm de você. Para ser efetiva, deve estar associada ao benefício que se é capaz de prover.

Você seria capaz de responder o que as pessoas associam ao seu nome hoje?

A construção de uma marca própria diz respeito a criar associações fortes e favoráveis na mente do seu público. Mesmo se não as fizer ativamente, elas serão feitas de qualquer forma. Então é recomendável ser proativo ao assumir esse papel, pois, embora não seja possível controlar totalmente a maneira como somos percebidos, podemos ser consistentes em fornecer mensagens que gerem associações positivas para nossas marcas.

Somos bombardeados diariamente por milhares de mensagens. Cada uma, estrategicamente posicionada, deseja forjar um espaço por menor que seja de intimidade em um mundo onde quase nada nos é familiar. A busca por familiaridade é, na verdade, uma das principais razões pelas quais adoramos marcas. E quanto mais adequada à sua estratégia de construção, maior o efeito sobre nós.

Assim como procuramos por um rosto familiar em um evento social, é quase impossível não buscar por logos conhecidas diante de uma vitrine. Em um mundo saturado de marketing, as marcas são esses rostos conhecidos na multidão. Funcionam como atalhos, nos permitindo gerar respostas rápidas para as necessidades do dia a dia. Qual sabão em pó se usa na sua casa? Qual pasta de dente? Que cereais seus filhos consomem? Ninguém precisa de mais do que alguns segundos para dar as respostas.

Defina a si mesmo antes que mais alguém o faça

O que você faz talvez não seja único, mas você é. A diferença em relação aos concorrentes é a sua marca. Talvez você pratique um preço menor, mas por quanto tempo? Talvez seu produto tenha um benefício que o concorrente ainda não tem, mas quanto isso pode durar? Em algum ponto, a concorrência vai se equiparar com você. O único elemento incomparável é a sua marca. Várias empresas fabricam tênis, mas existe apenas uma Nike. Há muitas pessoas em nosso planeta, mas nenhuma tem a sua história.

Como funciona uma marca própria

> **Seja tão bom que eles não poderão ignorá-lo.**
>
> **Steve Martin, Ator**

Aquilo que fazemos, as coisas com as quais interagimos, quase tudo está baseado nesse poder das marcas. A escola onde seus filhos estudam, o jornal que lemos diariamente, o automóvel que dirigimos, as roupas que usamos. Todas essas entidades possuem um forte apelo que fornece atalhos para as nossas escolhas.

Até aí não há nada de novo. A novidade é que o eixo das marcas se deslocou na direção do indivíduo. As pessoas com quem escolhemos trabalhar, nos associamos, nos divertimos e dividimos nosso espaço e tempo também são motivadas por elas. Essas marcas pessoais têm o poder de nos repelir ou atrair se encontramos ou não pontos com os quais possamos nos identificar.

Esse poder de alavancagem tornou-as o principal ponto focal de nossa sociedade. Quem o faria sair de casa para ir ao cinema? Quem prende a sua atenção em uma entrevista na TV? E em um desfile de moda? De quem baixaria uma música agora?

Marcas pessoais poderosas estão por toda a parte: na indústria cinematográfica (Tom Cruise e Angelina Jolie), nos esportes (David Beckham, Usain Bolt, Nadal e Neymar), na música (Justin Bieber e Madonna), nos negócios (Richard Branson e Donald Trump), na culinária (Jamie Oliver, Nigella Lawson e Claude Troigrois), na literatura (Paulo Coelho e J.K. Rowling), na moda (Armani e Chanel), na TV (Oprah, Silvio Santos e Marília Gabriela), na tecnologia (Steve Jobs e Bill Gates), nas passarelas (Gisele Bundchen e Naomi Campbell) e por aí afora.

O fenômeno também pode ser observado inversamente, a partir de um atributo específico associado a um nome. Alguns exemplos: visionário (Steve Jobs), inspirador (Nelson Mandela), artístico (Lady Gaga), elegante (Kate Middleton), solidária (Madre Teresa) e assim por diante.

Não importam as suas preferências — claro que elas importam —, mas a pergunta fundamental é: são apenas nomes? Não, são bem mais do que isso. Por trás deles há marcas poderosas. Cada uma tem o poder de atrair milhares de clientes, gerar milhões em faturamento e alçar seus mentores à estratosfera do sucesso.

Portanto, a pergunta-chave é: como esses e outros indivíduos obtiveram isso?

Você pode pensar equivocadamente que essas personalidades construíram grandes marcas próprias porque são milionários. No entanto, é óbvio que elas não nasceram assim. Primeiro edificaram suas marcas e as recompensas vieram em seguida. Elas dispunham da visão de onde queriam chegar e de uma compreensão intuitiva de que seria preciso representar alguma coisa clara e benéfica na mente das pessoas para atingir seus objetivos.

Branding pessoal, no final das contas, explica como uma garota desconhecida chamada Gisele virou a modelo mais famosa do mundo, ou como uma autora anônima e desempregada se tornou J.K. Rowling — a criadora da série best-seller *Harry Potter* —, ou, ainda, como um afro-americano com nome de origem árabe se tornou o presidente dos Estados Unidos.

Esse processo, válido para toda categoria em qualquer segmento de negócios, trata de posicionar alguém como o líder em

Como funciona uma marca própria

seu campo e o provedor de algo único. Isso significa que é possível posicionar uma marca em um período de um a dois anos e, com o mix correto de ações e estratégias, catapultar seu autor à liderança em seu mercado. Obter esse reconhecimento não é nada mais do que condensar aquilo que é único em você, criar a mensagem correta e gerenciar essa percepção para seu negócio ou atividade capitalizar sobre isso.

No final das contas, construir a sua marca é educar o mercado a respeito do seu valor.

O que a sua marca lhe permite fazer? O que o seu nome é capaz de atrair? Quantos negócios? Quanto reconhecimento? Quanta fama? Quantos clientes?

Não importa o quão bem tenha ido no passado, você apenas arranhou a superfície do seu verdadeiro potencial até que tenha desenvolvido a sua marca própria e única.

Principais benefícios de construir a sua marca

Em uma escolha entre dois produtos da mesma categoria, a imensa maioria dos consumidores sempre preferirá uma marca conhecida. Isso deveria ser suficiente para entender o poder de alavancagem do branding, mas há muito mais.

Em primeiro lugar, na medida em que se distingue dos concorrentes, uma marca lhe permite desfrutar de prestígio na sua categoria. Ao diferenciá-lo da concorrência, o posiciona na mente do seu círculo de possíveis clientes como a única solução para o seu dilema. Outros podem fazer o que você faz, mas não copiar o que você é.

Uma marca pessoal estabelece uma conexão emocional com o seu público-alvo, ao contrário da imensa maioria dos negócios,

Como funciona uma marca própria

que apenas divulga os atributos de seus produtos e serviços. Sua mensagem será formatada levando em consideração a sua personalidade e singularidade, visando sempre enriquecer a experiência do cliente.

A construção da sua marca permite precificar os seus serviços com maior flexibilidade. Na medida em que a mensagem implícita o posiciona como o especialista na sua área, o mercado cria uma percepção de mais valor agregado em torno da sua habilidade específica e se dispõe a remunerá-lo de forma diferenciada.

Também fornece ao seu mercado-alvo uma forte razão para comprar seus produtos e serviços ao realçar um benefício demonstrável — o atributo valorizado pelo seu público. Isso praticamente elimina qualquer rejeição, pois os potenciais clientes que o procuram já sabem de antemão o que esperar.

Ao transmitir claramente o seu valor, é gerada uma demanda maior de prospectos para tornarem-se clientes, ao mesmo tempo em que a sua carteira atual é fidelizada.

E, finalmente, há uma das principais vantagens, que é inverter as regras do jogo. Ao invés do marketing do desespero, correndo atrás de qualquer prospecto na esperança de que vire um cliente, os mais interessantes passam a procurá-lo. Assim, você se torna um ímã com o seu próprio valor para colocar sobre a mesa.

Antes de abordarmos os tópicos acerca de otimizar a sua marca pessoal, tenha em mente que, embora seja natural imaginar que qualquer um deveria valorizar o que você faz, a verdade é que sempre temos que lidar com a indiferença do consumidor. Portanto, assuma desde já como a primeira lei da construção de marcas que, a princípio, todos são indiferentes ao que você tem a oferecer. Talvez seja um exercício difícil e penoso, mas é essencial para ver as coisas em perspectiva.

Antigamente, na era "Você 1.0", em um mundo com menos concorrência e acesso à informação, acreditava-se no conceito de insubstituível. Era comum ouvir algo como "fulano é insubstituível". Hoje, na era "Você 3.0", o mercado segue uma nova dinâmica, onde o insubstituível foi substituído (sem trocadilho) pelo inesquecível. Ou seja, qual diferencial torna memorável a experiência de fazer negócios com você?

Quem necessita de uma marca

Se você está na disputa por mercado — e quem não está? —, precisa de uma marca tanto quanto qualquer empresa, corporação ou negócio. Forjar uma identidade própria significa determinar qual percepção os clientes em potencial terão. Essa percepção — e não seus produtos ou serviços — será determinante para os outros decidirem fazer negócios com você.

Qualquer iniciativa em torno de ideias, talentos, habilidades, paixão ou liderança pode se beneficiar da edificação customizada de uma identidade. Um negócio que vá se valer da construção de uma marca não tem que ser necessariamente um empreendimento solo, desde que associado com a identidade de um homem ou uma mulher.

Vale lembrar que muitas empresas de sucesso foram construídas em torno de grandes marcas pessoais, tais como Walt Disney, Ralph Lauren, Donna Karan, Giorgio Armani e tantas outras. Algo que chama a atenção sobre esses meganegócios é que transcendem o nome de seus fundadores, alguns dos quais já nem sequer estão vivos. E nisso reside outro importante benefício, que por si só justificaria a dedicação de tempo e recursos para edificar marcas memoráveis. Uma vez que tenha estabelecido a sua marca e um modelo de negócios sustentável, a sua iniciativa

Como funciona uma marca própria

ganha vida própria, deixando-o livre para gerenciar seu tempo como melhor lhe convier ou até mesmo para se desfazer dela — e, eventualmente, colocar uma montanha de dinheiro no bolso.

Daqui em diante, a sobrevivência da maioria dos negócios, e de muitos profissionais, dependerá em grande parte da habilidade de cada um em lapidar sua marca, um dos únicos recursos para se sobressair na multidão, se diferenciar de concorrentes e ser relembrado.

Para obter sucesso, diversas categorias vão depender da construção de marcas próprias.

A primeira é a dos profissionais liberais, tais como médicos, advogados, engenheiros e um amplo contingente que hoje não dispõe de alternativas para se posicionar no mercado a não ser construindo suas marcas de valor.

Em seguida, vêm os prestadores de serviço independentes. Essa categoria inclui uma variada gama de atividades, entre as quais estão atores, agentes, arquitetos, artistas, atletas, autores, consultores financeiros, designers, estilistas, decoradores, corretores de seguro, personalidades da mídia, corretores de imóveis, músicos, psicólogos, fotógrafos, terapeutas, agentes de viagem, palestrantes, treinadores, corretores de ações, escritores e vendedores.

Uma terceira categoria é formada por profissionais que lidam diretamente com o público, tais como donos de academia de ginástica, salões de cabeleireiro, revendas de automóveis, empresas de limpeza, de confecções, de informática, gráficas, etc.

Em seguida vem o segmento composto por quem trabalha com venda de produtos com valor agregado, tais como editores e

Como funciona uma marca própria

comerciantes em geral, incluindo lojas de automóveis, de decoração, de utensílios, etc.

Por fim, a categoria dos empregados, executivos e de todos que fazem carreira no mundo corporativo, cuja visibilidade no mercado de trabalho vai depender cada vez mais da construção de uma marca própria.

Uma vez que esteja consciente de que os princípios do branding pessoal se aplicam ao seu negócio e à sua vida, seu primeiro esforço proativo será criar um papel único para você. Ou seja, um valor que você está visivelmente trazendo para o mercado, aliado a um conjunto de sentimentos e emoções que a simples menção do seu nome deveria gerar no seu público-alvo.

Auditando o atual status da sua marca

A construção de uma marca pessoal envolve, em primeiro lugar, uma pequena, porém significativa mudança na maneira como refletimos sobre o que fazemos. A ideia por trás dessa mudança é ajudá-lo a assumir a mentalidade mais adequada aos seus objetivos e preservar a sua autoestima nos momentos em que as coisas não saírem exatamente como planejado.

Independentemente da atividade, vivenciamos o mesmo dilema: seja você um consultor, diretor de arte, profissional de informática ou microempresário, ao iniciar uma iniciativa própria, geralmente se depara com um horizonte nebuloso à frente, sem perspectivas concretas.

Você acredita que é bom naquilo que faz e é natural imaginar que outras pessoas irão automaticamente perceber valor nisso. Embora compreensível, a visão do mundo dedi-

Como funciona uma marca própria

cando um olhar atencioso ao que você propõe e valorizando o seu produto é uma armadilha perigosa.

Pelo contrário, cabe a você dizer aos potenciais clientes por que deveriam escolher a sua marca em vez de outra, através de uma mensagem clara e consistente, capaz de impressionar o seu mercado para preferi-lo aos concorrentes ou, ainda, que identifique na sua marca a única ou a melhor solução para seu dilema.

Antes de iniciar o processo de construção, vale a pena dar um passo atrás a fim de auditar o seu status atual.

Independente da sua atividade, você provavelmente vai se encontrar em um destes três cenários.

No primeiro, menos favorável, descobre que ainda não tem uma estratégia definida, e isso é facilmente constatável na percepção que os outros têm de você. Encontra dificuldades em se comunicar com os seus potenciais clientes e ainda mais em convencê-los a fazer negócios com você. Eles não formam uma impressão positiva sobre o seu produto ou não percebem em que é supostamente superior à concorrência.

O que você faz, diz e como diz, enfim, suas ações talvez contradigam umas às outras e acabem gerando mais confusão do que clareza nos seus prospectos. Em contrapartida, concorrentes que se comunicam com maior eficiência são percebidos positivamente pelo mercado e acabam conquistando mais clientes.

Em um segundo cenário, neutro, o mercado talvez não tenha uma visão ou impressão consistente da sua marca ou empresa, mas, em geral, considera que você é percebido de forma positiva.

Você nunca pensou seriamente em construir a sua própria marca pois isso parecia irrelevante, mas admite que poderia se

Como funciona uma marca própria

sair melhor caso se comunicasse com mais consistência com a sua audiência. Em suma, talvez não esteja se ajudando muito, mas também não se prejudica demais.

E, finalmente, o cenário mais favorável, onde potenciais clientes e consumidores sabem exatamente o que você é capaz de entregar. É fácil abrir um diálogo na medida em que entendem rapidamente a sua proposta de valor.

Você costuma fechar negócios com maior rapidez porque a experiência que a sua marca proporciona está totalmente alinhada com a promessa empenhada aos seus prospectos.

Pode cobrar um preço premium, pois o mercado sabe por que o seu serviço é superior e está disposto a pagar por isso. Provavelmente menos de 10% das iniciativas se encontra nesse patamar — o que sinaliza a enorme vantagem competitiva que a construção da sua marca pode representar nos próximos anos.

Uma avaliação honesta e transparente, a fim de ter uma noção precisa do seu estágio atual, é um bom ponto de partida. Principalmente quando se leva em conta que, independente desse status, o potencial a ser explorado é ilimitado diante da perspectiva de educar o mercado a respeito do seu valor.

Minha descoberta na prática do valor de uma marca

Gostaria de compartilhar a minha história na expectativa de que sirva de inspiração para que você desenvolva a sua marca.

Para isso, tenho que voltar alguns anos atrás, quando fui convidado a integrar a equipe de criação de uma grande agência de publicidade em São Paulo. Vivia no Rio de Janeiro, onde

Como funciona uma marca própria

construí a minha carreira como redator, tendo passado por algumas boas agências cariocas, e agora surgia a oportunidade de me transferir para o maior mercado de publicidade da América Latina e um dos maiores do mundo.

A perspectiva de ingressar em uma agência de primeira linha em São Paulo me enchia de energia positiva, esperança e otimismo. Estava recém-casado e decidi abreviar a lua de mel para antecipar a chegada na capital paulista, a fim de encontrar um apartamento e tratar da mudança.

Os primeiros dias na nova cidade foram intensos, cercados por toda a animação de dar um passo importante na minha carreira, de atingir um novo patamar em termos profissionais.

Demorei mais ou menos um mês entre fixar residência e começar a me ambientar no universo da publicidade de São Paulo, e cerca de mais um para me integrar à nova equipe e entender o contexto onde, a partir daquele momento, daria o meu melhor para me sobressair.

Tudo parecia correr dentro do esperado até uma manhã de dezembro. Era uma quinta-feira e, ao chegar na agência, notei um zum-zum-zum estranho, pequenos grupos cochichando pelos corredores, um astral pesado pairando no ar. Ao chegar à minha mesa de trabalho, por volta das nove e meia da manhã, finalmente tomei conhecimento da situação.

Uma mudança na diretoria da agência iniciaria um processo de demissão em larga escala. Vários profissionais em cargos estratégicos seriam substituídos para dar lugar a um novo time. Havia uma sensação de pânico no ar, vários colegas pareciam apavorados pelo temor de uma demissão iminente. Foram horas e minutos de angústia.

Como funciona uma marca própria

Por volta das onze horas da manhã teve início a filtragem. Um por um, cada profissional era convocado à sala da diretoria, onde era comunicado sobre o seu destino, se iria permanecer ou não na agência. Cada um que retornava trazia na face a expressão clara do seu veredito, um indisfarçável sorriso estampado no rosto em caso positivo ou um semblante fechado em caso negativo.

Enquanto aguardava a minha vez, um filme com final trágico começou a passar na minha cabeça. Por volta do meio-dia, chegou a minha vez de ir ao encontro da minha sorte. Ainda que mantivesse no fundo da minha alma uma fagulha de esperança, fui preparado para o pior.

Fui recebido pelo novo diretor, que me explicou as razões da mudança, da necessidade de abrir espaço para colaboradores de sua confiança. Nesse novo cenário, não havia lugar para mim. Meu nome chegara a ser cogitado para integrar a nascente área de merchandising da agência, mas concluíram que o melhor para mim seria mesmo seguir a minha trajetória como criativo e buscar uma colocação em outra agência. Saí da sala meio atordoado. Sentia como se tivesse tomado um soco no estômago desferido pela mão invisível do mercado. Permaneci ali ainda por pouco mais de meia hora, confraternizando com outros colegas que tiveram a mesma sorte que eu. Alguns me questionavam: e agora, vai voltar para o Rio?

Deixei a sede da agência, entrei no meu carro e tomei o rumo de casa, seguindo pela Marginal do Rio Pinheiros, trajeto que havia aprendido não havia nem um mês. Enquanto pensava em como daria a notícia à minha esposa, fui invadido por um sentimento que misturava raiva e frustração. Na verdade, me sentia impotente e revoltado diante da situação.

Como funciona uma marca própria

O foco da minha revolta era impessoal. Não achava que era culpa exclusiva de uma pessoa, mas de toda uma circunstância. O que me deixava furioso era saber que alguém, que não era eu, tinha o poder de determinar o meu destino. A dor daquele momento moldaria a minha vida. Decidi que nunca mais permitiria que algo assim acontecesse.

Para meus colegas de agência, na maioria paulistas, a vivência daquele momento não veio carregada de tintas tão pesadas e provavelmente não determinaria uma reviravolta em suas carreiras. Para mim, no entanto, o evento ganhou contornos mais dramáticos pelas circunstâncias de ter me transferido para São Paulo e por toda a expectativa em torno disso. O fato é que, como tudo o mais, as experiências e a forma como as vivenciamos são únicas. E, no final das contas, é essa visão, forjada através de vivências pessoais que trazemos para a mesa, que acaba moldando a essência de nossas marcas.

Passado o susto inicial, a revolta foi aos poucos se transformando em determinação. Estava determinado a mudar a minha trajetória, pois, a partir daquele momento, contava com um novo aliado. Ali veio a descoberta do meu lado empreendedor, a possibilidade de fazer por mim o que até então só fizera pelos outros. Eu poderia me comprometer em construir os meus próprios sonhos.

Sucesso ou fracasso, queria antes de tudo a satisfação de saber que os resultados eram meus e de mais ninguém.

Como você deve saber, uma coisa é falar e outra é fazer. São tantos os desafios quando se decide ir atrás dos seus sonhos que daria para escrever um livro inteiro a respeito. No entanto, o fato é que, quando está imbuído desse espírito, quando essa chama brota dentro de você, não há nada no mundo capaz de detê-lo.

Como funciona uma marca própria

Foram anos e anos de busca incessante, de dezenas de tentativas e erros. Porém, mesmo nos momentos mais difíceis, a chama estava lá, acesa, para me lembrar de que vale a pena pagar o preço quando você está disposto a viver plenamente o seu potencial.

Cerca de duas semanas após aquele episódio, já estava na rua com o meu portfólio debaixo do braço, batendo na porta das agências de São Paulo em busca de uma vaga. Na minha terceira entrevista, fui contratado por uma das principais agências de branding do país. Contradição? De maneira nenhuma. Enquanto planejava um caminho para empreender por conta própria, precisava me provar que era capaz de atuar como um profissional da área. Naquele momento, isso era absolutamente essencial para a minha autoestima, além do fato óbvio de que necessitava me manter. Por uma conspiração do acaso, em uma curva da vida, o destino me colocou pela primeira vez em contato direto com o branding. Mais do que isso, tive a oportunidade de conhecer de perto o inigualável talento de Ricardo Guimarães, CEO da agência, considerado o profissional que praticamente inaugurou a era do branding no mercado publicitário brasileiro. Na época, não tinha noção do que aquilo representaria no meu futuro, mas nascia ali a minha paixão e o meu interesse pelas marcas. Claro que aquele novo emprego não durou muito tempo, apenas o suficiente para me reposicionar, reunir os meus melhores esforços e me imbuir de coragem para ir em frente.

Ao longo dos anos, tentei uma série de coisas, abri e fechei empresas, e comecei vários negócios. Uma lição que aprendi, e gostaria de compartilhar com você agora, é que, entre tantas tentativas e iniciativas, sentia que sempre estava faltando algo. Esse algo, como só fui descobrir depois de muito tempo, deveria ser óbvio, mas não era.

O que faltava na equação era eu.

Como funciona uma marca própria

Sim, isso mesmo: eu. Entenda bem, não faltava motivação da minha parte, dedicação e tampouco consistência. Estava — e sempre estive — entregue de corpo e alma — na medida em que você me conhecer melhor, entenderá que eu sou assim. Quero dizer com este "faltava eu" que o mais autêntico em mim, aquilo que me distingue, que faz de mim alguém único, nada disso estava expresso nas coisas que tentava construir, como se houvesse uma lacuna que nunca chegava a ser preenchida— e que parecia ter exatamente o tamanho do espaço que faltava para atingir o sucesso nas minhas jornadas.

Ou seja, enquanto não fosse capaz de representar com a maior clareza possível alguma coisa para o mercado, as portas não se abririam para mim.

Descobri, então, que precisava de uma marca, que precisava me tornar uma. Mas como fazer isso?

Como um profissional multidisciplinar, tendo passado pelo jornalismo, publicidade, negócios digitais, gestão e branding, acabei pagando o preço da minha inabilidade em representar com clareza alguma coisa única para o mercado.

Definitivamente não me faltava trabalho. Havia gente me contratando para desenvolver desde simples anúncios a campanhas inteiras, além de conceitos para o lançamento de novos produtos. Outros me solicitavam serviços de marketing digital. Editoras internacionais me convidavam para elaborar livros sobre as grandes estrelas do futebol brasileiro. Algumas empresas me contratavam como consultor para reposicionar suas marcas. Outras para desenvolver apresentações e planos de negócio para investidores. E outras, ainda, para cuidar da gestão de novos negócios. Tornara-me uma espécie de "canivete suíço" em termos profissionais — com tantas habilidades e competências reunidas quanto às demandas que o mercado pudesse solicitar.

Meu portfólio retrata à perfeição a minha trajetória. Fui um dos mais jovens editores jornalísticos do país, liderando aos vinte e poucos anos uma equipe de 25 colaboradores. Trabalhei em várias agências de publicidade, ajudando a posicionar grandes marcas, tais como Bridgestone, Pepsi, Schweppes, Renault e Natura, para citar algumas. Esse trabalho me rendeu prêmios, incluindo um Colunistas Nacional e uma Prata no Festival Ibero-Americano de Publicidade (FIAP). Tive músicas gravadas, incluindo uma canção com a participação especial de Cazuza. Fui um dos 30 maiores líderes em marketing multinível do Brasil. Assinei o texto de vários lançamentos fonográficos importantes, incluindo o disco Totalmente Demais, de Caetano Veloso. Desenvolvi projetos relevantes para o Terceiro Setor. Fui sócio e CEO de várias startups, entre elas do Mercado21, primeiro site de leilão online da América Latina, e da empresa de tecnologia Satmeeting, que me rendeu o prêmio StarOne de melhor solução digital de 2004. Participei ativamente da montagem do sistema de vendas online do Rock In Rio 3. Fundei o Núcleo Estratégico de Branding da FGV-Projetos. Como consultor, ajudei a reposicionar e a lançar empresas e marcas importantes, incluindo a Clínica São Vicente e a aérea Webjet. Mais recentemente, recebi o convite para assumir o cargo de Diretor Executivo do Grupo Hans Donner. Antes não fosse pela enorme admiração que sempre tive pelo trabalho desse magnífico designer, a perspectiva de poder colaborar com o profissional que criou uma das marcas mais importantes do país tornou o convite absolutamente irrecusável. A lista segue indefinidamente, com tantas coisas que nem cabem aqui.

À primeira vista, pode parecer que esse leque de ofertas e possibilidades tenha me proporcionado um status profissional invejável, mas isso é apenas a imagem superficial das circunstâncias. Na verdade, cometera, ainda que de forma inconsciente, um equívoco de posicionamento, achando que, quanto mais habilidades fosse capaz de desenvolver, mais mercados e clientes teria garantido.

De certa forma, acabei caindo na ideia equivocada de tentar ser tudo para todos — o exato oposto do que prega a cartilha mais elementar do branding pessoal no que se refere a posicionamento.

Ou seja, deveria ter focado a minha especialização em um atributo e me posicionado como autoridade em um campo específico. A partir daí, através do efeito "halo" — o qual ocorre quando uma gota pinga em um lago e forma círculos concêntricos —, poderia ter conquistado mercados adjacentes me valendo do status eventualmente criado no meu nicho primário de atuação.

De qualquer forma, todas as experiências profissionais acumuladas acabaram sendo importantes quando finalmente decidi focar no objetivo de construir e posicionar a minha marca pessoal. Mais do que apenas uma série de iniciativas, ao longo do tempo construí relacionamentos.

Não deixa de ser curioso o fato de ter eleito como um dos primeiros nichos de atuação exatamente o branding pessoal. Estudei a fundo o conceito e suas implicações, frequentei workshops internacionais, li dezenas de livros e fiz inúmeras entrevistas com marcas significativas, até que me tornei um expert, preparado e capacitado a ajudar indivíduos e negócios a construírem as suas próprias marcas. Daí nasceu o programa "Você 3.0" — o primeiro e único no Brasil destinado a ensinar, passo a passo, a construir, desenvolver, posicionar e divulgar uma marca própria — e este livro que está em suas mãos.

Falei que não deixa de ser curioso pelo fato de que o caminho que encontrei para posicionar a minha marca foi ajudando outras pessoas a construírem as suas. Porém, embora curioso, isso não é inédito. Como perceberá ao longo deste livro e, caso venha a participar do programa "Você 3.0" — o que o encorajo a fazer e espero sinceramente que você faça —, quando começa a posicionar a sua marca, elege um determinado nicho e põe-se a pensar sobre a quem gostaria de servir, acaba muitas vezes descobrindo que a audiência ideal, aquela mais interessada na sua oferta, é formada por pessoas parecidas com adivinha quem? Com você mesmo. Ou seja, acaba descobrindo que a sua mensagem ressoa em outros com marcas semelhantes à sua. Isso pode ser uma informação bastante valiosa quando, mais à frente, estiver tratando de identificar a sua audiência ideal.

No final das contas, em algum momento da vida, você se depara com a sua própria missão. Dizem que a gente escolhe certos caminhos na vida, mas que também somos escolhidos para determinadas missões, das quais não temos como escapar. Acho que existe um pouco dos dois na minha missão de ajudar as iniciativas a construírem e posicionarem as suas marcas. Seja como for, me sinto verdadeiramente realizado sabendo que, dessa forma, posso impactar positivamente a vida de muita gente.

Agora que já sabe um pouco mais sobre a minha trajetória, nas próximas páginas vamos mergulhar de cabeça na construção da sua marca.

O processo de construção da sua marca

Assim como nas ciências, a construção de uma marca reúne uma série de conceitos básicos — as coisas que precisa conhecer para entender o quadro geral.

A marca do seu negócio é constituída por uma série de parâmetros aos quais tem que se ajustar se pretende ter o efeito desejado sobre os seus potenciais clientes.

Para facilitar a compreensão, dividimos o processo de construção em quatro fases.

A primeira é a Fundação. É nela que vamos estabelecer as bases da sua marca, o que ela tem de mais essencial, incluindo seus valores, personalidade e principal atributo.

A segunda é o Posicionamento. Aqui vamos selecionar o seu nicho de atuação, eleger a audiência ideal, avaliar a concorrência e identificar qual o melhor ponto de entrada para a sua marca.

A terceira é a Embalagem. Nessa fase, vamos reunir os elementos da marca em uma mensagem poderosa e moldá-la para estar sintonizada com as demandas da sua audiência e em sintonia com todos os canais de comunicação disponíveis.

E, finalmente, a quarta e última fase é a Promoção. Nela, vai saber como divulgar a sua marca utilizando as mídias digitais e sociais, enquanto aprende a desenvolver e implementar uma plataforma digital.

Construir a sua marca não é algo para o qual você vai dedicar poucas semanas ou meses; é um processo para a vida toda, e se enquadra na categoria de coisas que devem evoluir organicamente. Demanda clareza e, acima de tudo, consistência. Esqueça aquela estória de sucesso do dia para a noite. A imensa maioria dos casos de sucesso instantâneo que conheço levaram muitos anos para acontecer.

No processo de construção da sua marca, você terá que alinhar a percepção externa que deseja criar com a sua realidade interna. Caso contrário, você poderá ter sérios problemas.

Por mais hábil que seja na geração da imagem correta na mente do seu público, o fato é que, nas relações sociais, percepção é aquilo dito quando viramos as costas: "Ele é profissional?", "Achou ela bem-sucedida?", "Teve uma impressão boa dele?" e por aí afora. Não há como escapar da própria dinâmica das marcas pessoais em ação. A propósito, Jeff Bezos, o lendário fundador da Amazon, definiu certa vez o conceito exatamente assim: "Marca é aquilo que falam sobre você quando você não está presente". O fato é que parece mais fácil e provável serem geradas percepções negativas que positivas sobre qualquer um. Por quê? Porque as pessoas são cautelosas, então você tem que dar aos prospectos uma razão para se sentirem bem a seu respeito e sobre o que é capaz de fazer — algo possível apenas através da sua marca.

Tornar-se ou não uma pessoa ou profissional melhor é, no final das contas, uma questão de foro íntimo, que poderia ser ou não um tópico relevante na sua vida. No entanto, gerar a melhor percepção a seu respeito é uma abordagem estratégica que atinge indiscriminadamente a todos. Faça um exercício bem simples. Pense no número de pessoas que realmente o conhece. Quantas são? Uma? Três? Talvez cinco? Agora pense em quantas têm algum tipo de percepção sobre você. Quantas são? 30, 50, 100?

Uma boa parte ou até mesmo a maioria das pessoas, quando pensa sobre a sua própria marca e as perspectivas que ela é capaz de gerar, imagina uma trajetória meteórica entre o ponto onde se encontram hoje e o sucesso, algo absolutamente compreensível e até natural. Note, porém, que a construção de uma marca pessoal é um processo que se desenrola ao longo do tempo e passa por diferentes fases.

Uma primeira fase, mais básica e comum a todos os mortais, é inalienável. Quer você queira ou não, a sua marca será construída independente da sua vontade. Percepções serão moldadas em torno do seu nome. Uma marca sempre funciona, para o bem ou para o mal. A questão aqui é

Como funciona uma marca própria

apenas quanto ao grau de controle que cada um deseja ter sobre esse processo.

Em seguida, vem a fase de começar a colher os frutos de uma estratégia bem articulada. Se obteve êxito na construção e no posicionamento da sua marca, provavelmente terá se tornado uma referência ou liderança na sua categoria.

E, finalmente, uma terceira e última fase, quando vira um ícone da sua indústria. Tenho visto pessoas tentando saltar da primeira para a terceira fase sem escalas e em tempo recorde. Pode acontecer? Sim, pode. Eu e você conhecemos casos de pessoas que uniram talento e oportunidade de uma forma tão perfeita que se tornaram fenômenos de mídia em pouquíssimo tempo. Porém, essas são, sem dúvida nenhuma, as raríssimas exceções, nada a ver com a realidade dos meros mortais.

Em grande parte, o veneno responsável por essa ilusão do sucesso instantâneo se encontra embutido no próprio remédio. Por um lado, as mídias sociais criaram o contexto favorável para cada um se tornar uma marca digna de ser lembrada, mas, por outro lado, amplificaram a voz do indivíduo ao ponto em que achamos que basta botar a boca no megafone virtual para merecer atenção.

Para nós, meros mortais, a cartilha de construção, no que tange a injetar doses consideráveis de personalidade e alinhar a percepção externa com a sua verdade interior, segue parâmetros bem mais tangíveis e realistas.

Ainda que uma marca própria possa operar milagres na sua vida e no seu negócio, há coisas que não são possíveis de se fazer por ninguém.

Como funciona uma marca própria

A primeira é encobrir incompetências. Um dos maiores benefícios de construir uma marca é se posicionar como autoridade na sua categoria. Porém, para que esse posicionamento encontre eco no mercado, tem que haver legitimidade. Do contrário, você estará preparando uma armadilha para si mesmo. Caso pretenda ser percebido como um expert na sua atividade, seja realmente um profundo conhecedor do seu ofício, qualquer que seja ele.

Uma segunda coisa que não pode ser assegurada é que você vai ficar famoso. Com certeza poderá ajudar, mas não há garantia de que vá atrair fama. A propósito, faça uma reflexão sobre se ficar famoso está entre seus objetivos de vida. Você provavelmente conhece pessoas bem-sucedidas que nem por isso são famosas.

E, finalmente, o processo de construção de uma marca não se enquadra definitivamente na categoria dos esquemas para ganhar dinheiro fácil. Pelo contrário, embora seja uma das ferramentas mais poderosas ao seu dispor, uma marca não é capaz de fazê-lo atingir metas sem esforço e consistência.

Ao se lançar nesse processo, um desafio que muita gente costuma enfrentar é a dificuldade em seguir e respeitar uma sequência lógica.

As pessoas geralmente são muito criativas e têm a tendência de queimar etapas e pular logo para aqueles passos estratégicos que imaginam que as conduzirá a resultados mais rápidos. No entanto, esse é um grande equívoco. Siga a sequência proposta e tome cuidado com aqueles passos que se sente compelido a pular, pois são justamente esses que demandarão um pouco mais de você e, portanto, são absolutamente necessários.

Outro aspecto que pode soar um pouco intimidador está relacionado à tecnologia empregada na promoção através das mídias digitais. Se esse é o seu caso, permita-me tranquilizá--lo. Já foi o tempo em que estabelecer uma presença online era um bicho de sete cabeças. Hoje, por mais tecnofobia que alguém possa ter, há ferramentas disponíveis que tornaram bastante simples a divulgação da sua marca no universo online. Portanto, quando estivermos abordando-a, saiba de antemão que qualquer um capaz de utilizar processadores de texto está capacitado a fazer autênticos milagres.

Agora, mãos à obra. Você já está imbuído do espírito e da mentalidade mais adequados para se lançar no processo de construção da sua própria marca de sucesso.

CAPÍTULO 3

A fundação da sua marca: Mostre claramente o que é único em você

> **Nesta sociedade altamente mutante, as marcas mais poderosas e duradouras são construídas com o coração.**
> **Howard Schultz, CEO Starbucks**
>
> **É preciso coragem para crescer e se tornar quem você realmente é.**
> **E. E. Cummings, Poeta**

Agora que vamos focar no processo de construção da sua marca, me permita lhe apresentar à minha própria definição: identificar aquilo que é único em você e comunicar essa distinção para a audiência que mais necessita de você.

Note que o maior peso dessa definição recai sobre a marca ser única. Ela tem que traduzir a sua essência e, como tal, ao descrever quem você é e o que faz, representar uma identidade sólida, baseada em uma percepção clara dos seus princípios e do que a diferencia de outras.

A fundação começa pela definição dos seus valores. Eles são, por assim dizer, o núcleo e o caráter interno da sua marca pessoal. Governam as decisões a fim de manter a consistência em suas ações e mensagens.

A fundação da sua marca

Tente entendê-los como as fundações de um prédio. Situadas abaixo da superfície e não aparentes, no final das contas, elas determinam a forma final do edifício.

Ao elencar seus valores, você deve estar disposto a se manter fiel a eles. Não se contente em recitar um monte de estereótipos que imagina que as pessoas esperariam de você. Quantas vezes já ouvimos falar de confiança ou qualidade como valores essenciais de uma empresa? Essa é a repetição do óbvio — além do que já estão incorporadas na expectativa do consumidor e não constituem mais do que a obrigação de todo fornecedor ou prestador de serviço.

Valor é algo ao qual você deve aderir quando as coisas ficam difíceis. Na verdade, deve aderir a ele ainda mais ao ser testado em situações limite. Se, por exemplo, pontualidade e feedback constante estão entre os seus valores, terá que incorporá-los no momento em que for questionado por um cliente insatisfeito com o seu serviço, tenha ele razão ou não.

Para descobrir seus próprios valores, comece criando uma lista de suas marcas favoritas. Agora procure definir em poucas palavras o que possuem de mais atraente, o que o move a gravitar em torno delas.

Em seguida, crie outra lista, com fatos ou situações que o deixam realmente irritado. Nessas situações, que valores acredita terem sido violados?

Finalmente, crie uma terceira lista de adjetivos, frases ou palavras que gostaria que alguém dissesse caso estivesse sendo homenageado em um jantar.

Após ter compilado oito a dez valores usando os métodos acima, reveja a lista e certifique-se de que refletem a sua natureza e a do seu negócio.

A fundação da sua marca

Em seguida, estreite a sua lista para apenas três a cinco valores. Eles não precisam estar em qualquer hierarquia particular, mas devem ecoar em você no seu nível mais profundo.

Como vai utilizar esses valores? A ideia é refiná-los até chegar aos que melhor expressam a sua forma de enxergar o mundo e os relacionamentos. Agora, selecione três que deseja incorporar definitivamente à sua marca. Para lhe dar um exemplo, os valores que incorporei são inspiração, excelência e paixão — eles norteiam a maioria das decisões a respeito das minhas iniciativas.

Mais do que isso, procuro conscientemente injetá-los na minha forma de me relacionar com o mundo. Quando pensam em mim, quero que me associem a alguém inspirador, que busca excelência e realiza as coisas com paixão. São esses os valores que elegi para a minha marca. E você? Sobre quais valores deseja colocar uma lente de aumento? O que pretende evidenciar a respeito do seu negócio ou atividade?

Colocando o pessoal na sua marca

Até o momento, focamos mais no aspecto "branding" do que no lado "pessoal".

Vamos falar agora sobre personalidade, a forma como uma iniciativa se expressa.

Personalidade, ou seja, as características humanas que as pessoas experimentam ao entrar em contato com a sua marca, é a principal influência na conexão emocional que a sua identidade estabelece.

Colocar o pessoal na sua marca é de suma importância para forjar um vínculo emocional com uma audiência sob dois aspec-

A fundação da sua marca

tos. O primeiro é que, por mais brilhante que tenha sido a sua trajetória, ninguém pode criar uma conexão emocional com uma lista de títulos, cargos e prêmios. O segundo é que autenticidade não tem concorrente. Quanto mais episódios relevantes incorporar à sua trajetória, maior será o seu poder de atração.

Uma das formas mais eficientes ao seu dispor para inserir esse lado pessoal é contar a sua história. Quando narra a sua jornada, cria a possibilidade de outros se identificarem com você, estabelecendo um ponto de contato significativo com clientes em potencial.

Os maiores casos de sucesso devem sua existência a histórias poderosas, e a melhor das ideias perde muito do seu valor sem uma. Como humanos, somos produto das histórias que contamos e, no fundo, somos fundamentalmente seres narrativos. Criar a narrativa correta é, portanto, essencial, visto que o interesse primário do público quase sempre é pelo lado pessoal das iniciativas. Ele quer saber por que começou na sua atividade, por que decidiu oferecer determinado serviço e como chegou até onde se encontra hoje. Narrativas com forte apelo são mais efetivas em atrair uma audiência apaixonada do que uma relação dos benefícios do seu produto.

Contar histórias dá vida — e, principalmente, alma — à sua marca, transformando-a de palavras e símbolos avulsos em alguma coisa maior — algo poderoso e comovente. Grandes marcas icônicas entendem isso. A Apple não vende apenas artefatos tecnológicos, mas a experiência de ser independente e inovadora, construindo uma narrativa consistente em torno da ideia do "Think Different" ("Pense Diferente") por trás de sua marca.

Contar a própria história não é uma ferramenta restrita aos grandes. De fato, pode ser uma das estratégias mais simples e eficazes para comunicar o seu valor subjacente. Ela cria confiança e

A fundação da sua marca

inspira clientes a se tornarem autênticos embaixadores, enquanto a lealdade que decorre daí estabelece a sua marca.

Mas e se a minha marca não possui uma história?

Se você acha que falta uma história por trás da sua marca, provavelmente não pensou a respeito disso da forma correta. Eis aqui como encontrá-la.

Pense sobre as suas experiências, as circunstâncias que determinaram a sua personalidade, as coisas que tiveram papel decisivo para moldar a sua pessoa. Não leve em conta apenas momentos positivos. Resgate vivências tanto positivas quanto negativas e, principalmente, as lições que pode extrair de cada uma delas.

O que deve fazer é incorporá-las na sua mensagem. Não há nada mais poderoso para isso do que as suas histórias de vida. Como dito antes, nenhuma audiência pode estabelecer uma relação de confiança com um currículo cheio de cursos realizados e cargos ocupados.

O que importa é o indivíduo por trás de tudo isso. Conte uma história comovente sobre a sua trajetória e construa a mensagem da sua marca em torno dela.

Você dispõe de uma habilidade que ninguém até hoje teve. A coragem para usá-la é a chave para viver a sua própria lenda e eventualmente obter tudo o que deseja. Que habilidade é essa? A habilidade — e a coragem — de ser você. Afinal, ninguém jamais enxergou o mundo através dos seus olhos.

Desenvolva a coragem de ser quem você é e torne-se a sua maior vantagem competitiva. Exagere nessa distinção, coloque uma lente de aumento sobre o seu atributo, destaque com letras maiúsculas o que o faz ser único.

A fundação da sua marca

Para ser efetiva, a sua história pessoal e a conexão dela com a sua marca têm que seguir alguns parâmetros. O mundo não está propriamente interessado na sua biografia desde o seu nascimento até os dias de hoje. O que deseja conhecer é quais experiências moldaram a sua forma de ser e, em última instância, forjaram a sua marca.

Coloque as qualificações profissionais de lado por um instante e pense na sua personalidade. O que faz de você alguém único? Perceba que você tem uma forma própria de ver as coisas, uma maneira particular de interpretar as experiências. Identifique dois ou três traços da sua personalidade que o distinguem e injete-os no aspecto pessoal da sua marca. Esse será um dos principais elementos ao seu dispor para torná-la memorável e grudá-la na mente de seus potenciais clientes.

Identificando o principal atributo da sua marca

Você não pode construir a sua marca no vácuo. Tem que levar em conta não apenas o que o público espera do seu produto ou serviço, mas também da sua categoria.

Marcas próprias não são abstrações. Elas se baseiam em características que cada um possui. Pessoas olham para os traços característicos que você incorporou à sua marca e, a partir dessa percepção, finalmente avaliam se você é capaz de prover o valor que estão buscando em um produto ou serviço.

Sua marca geralmente é avaliada pelas seguintes características:

- Personalidade;
- Talentos;
- Profissão;

A fundação da sua marca

- Interesses;
- Estilo de vida;
- Conquistas;
- Relacionamentos;
- Aparência;
- Posses.

Fica claro, então, que cada um de nós possui centenas de características, da cor dos olhos aos prêmios conquistados. No entanto, o fato de possuir uma determinada característica pode ou não ter importância para o seu negócio. As três a cinco características que instantaneamente se traduzem em benefícios para o seu público-alvo são consideradas atributos.

Ao lado dos valores, atributos formam a fundação das marcas.

Para exemplificar o que são atributos, vamos tomar o exemplo de uma figura ilustre, como Edson Arantes do Nascimento, o famoso Pelé. Como qualquer indivíduo, o astro do futebol tem centenas de características, mas poderíamos reduzir os atributos da marca Pelé a três ou quatro, tais como:

- Atleta excepcional;
- Expoente afro-americano no mundo;
- Maior jogador de futebol de todos os tempos.

Agora vamos definir qual é o principal atributo da marca Pelé. O atributo principal é quase sempre a primeira ideia que vem à mente de alguém quando escuta ou lê a respeito de uma pessoa. Basta selecionar, então, o atributo isolado mais evidente. No caso de celebridades, geralmente é óbvio,

A fundação da sua marca

pois sobre ele foi erguida a marca. Por exemplo, no caso da marca Pelé, o atributo principal obviamente é "maior jogador de futebol de todos os tempos".

Os atributos são os pilares da construção da sua marca, enquanto o atributo principal é a viga mestra da fundação. A identificação dos atributos, e do principal, tem que levar em conta o seu público-alvo e o que ele valoriza, pois é o que irá convencê-lo a escolher você ao invés da concorrência.

Sua marca pessoal é construída em torno de um único atributo isolado que servirá como isca para "seduzir" o seu público-alvo.

Existem basicamente três tipos de atributos focados isolados.

A primeira categoria de atributos foca na experiência. Ou seja, capitaliza sobre a história pessoal — sua bagagem de vida e superação de desafios, aventuras, valores e sabedoria acumulados. Quando pertinente e consistente, um atributo baseado em experiência é um elemento poderoso na arquitetura de uma marca. Além disso, tem a vantagem de não ser imitável, pois cada história é única.

A segunda categoria de atributos refere-se à expertise, talentos específicos e conhecimento que distinguem cada pessoa, iniciativa ou empreendimento. Sua especialização pode ser em qualquer área, desde soluções de conflito ou clima organizacional até tradução simultânea ou programação, passando por fotografia aérea ou design de interiores. Estão nessa categoria a maioria dos atributos.

Finalmente, a terceira categoria de atributos diz respeito a pontos em comum, ou seja, você compartilha interesses ou paixões com seus prospectos. Pode ser qualquer coisa, inclusive algo iniciado apenas como um hobby — velejar, jogar golfe, viajar, cole-

A fundação da sua marca

cionar automóveis antigos, etc. Normalmente, esse interesse em comum se desdobra em um estilo de vida próprio, com objetivos e aspirações similares, e aí fecha-se o ciclo. Não é tão comum quanto atributos na área da expertise, mas de toda forma é um poderoso alavancador de resultados quando empregado da forma correta.

Você provavelmente tem vários atributos para avaliar. Filtre até chegar a um único. Isso não significa que não possa prover outros serviços, apenas que é melhor promover o principal valor que é capaz de agregar.

Antes de eleger seus atributos, faça a seguinte pergunta a si mesmo: como quero ser percebido pelo meu público-alvo?

No próximo capítulo, em que tratamos de posicionamento, vamos nos debruçar sobre a identificação da sua audiência. Por ora, exercite a busca do seu principal atributo de acordo com a noção de público-alvo que já tem hoje em mente. Após refinarmos a sua audiência ideal, poderá rever o seu atributo para checar se está alinhado com o seu público.

Considere os valores desse público e a forma como os líderes em seu campo são percebidos, e responda as seguintes perguntas:

- Como o meu mercado-alvo me percebe agora? (Se não souber, pergunte aos seus clientes, colegas, etc.)

- Essa percepção está alinhada com a forma como quero ser percebido?

- Essa percepção é benéfica para o meu crescimento?

- Qual percepção quero que meus potenciais clientes tenham que se alinha com meus talentos profissionais e minhas paixões pessoais?

A fundação da sua marca

- Como posso fazer meus potenciais clientes me perceberem de forma diferente dos meus concorrentes?

Aqui cabe uma observação: não importa se é um profissional independente, empresário ou executivo, a definição do atributo principal não difere muito, desde que leve em conta o específico da atividade. Por exemplo, enquanto o dono de uma clínica particular poderá definir a excelência de sua equipe como atributo principal de seu negócio, um médico poderia eleger a sua experiência no trato de um determinado ramo da medicina como seu principal atributo. Ou seja, enquanto o primeiro se refere a uma empresa, o segundo diz respeito à atividade isolada de um profissional liberal.

Para auxiliá-lo na definição do seu principal atributo, comece por uma lista dos traços marcantes da sua personalidade e dos pontos-chaves do seu estilo pessoal, por exemplo: como aborda o seu trabalho e lida com os outros, como se comporta com os clientes, etc.

Em seguida, escreva as características culturais do seu mercado-alvo — exemplos: casual, conservador, progressista. Escreva também as qualidades que o domínio que pretende servir mais valoriza. Agora faça um cruzamento das duas listas e veja quais são os pontos em comum.

O que estamos fazendo é destilar ideias até chegar a um único atributo isolado, a característica comportamental ou traço de personalidade que deseja que associem a você e ao seu trabalho.

Um atributo principal pode ser qualquer coisa. A ideia é dizer à audiência o que pensa a seu próprio respeito, dando a ela um ponto inicial para formar percepções e opiniões benéficas sobre a sua marca.

A fundação da sua marca

Se estiver tendo dificuldades para definir o seu principal atributo, faça uma auditoria interna, um check-list dos seus talentos, habilidades e experiências, e responda por escrito às seguintes perguntas:

Do que mais se orgulha? Qual a sua responsabilidade favorita? Qual a sua maior paixão? O que você faz bem? O que é único em você? Talentos? Habilidades? Experiências? Onde agrega mais valor? Que frases melhor o traduzem? Como os outros o percebem? Como é apresentado em reuniões sociais e encontros profissionais? Qual é a primeira coisa que os outros pensam ao ouvir o seu nome? O que pensam que você faz bem? Como se descreveria para outras pessoas que nunca o conheceram?

Mais importante que apenas dividir suas qualidades em colunas, é pensar primeiro nas suas paixões. Dentro de tudo que já fez ou está fazendo, pelo que se sente verdadeiramente apaixonado? Pelo que não se incomodaria em virar uma noite? O que você faz que realmente lhe dá prazer?

Desligue por alguns minutos o senso crítico e não limite o seu pensamento às coisas que fazem sentido na realidade do seu dia a dia. Esqueça a realidade, solte a sua imaginação e mergulhe fundo naquilo que realmente dá sentido à sua vida. Você tem a oportunidade de começar do zero, e o momento é agora. Sua paixão é o combustível da sua marca, seu ponto de partida para construir algo digno de ser lembrado.

Pelo que deseja ser reconhecido? Já descobriu? Agora é só uma questão de tempo.

Uma vez mais, quando estiver trabalhando no processo de definição do seu principal atributo, mantenha um olho fixo nos valores do seu domínio.

> A fundação da sua marca

Estabelecendo os seus diferenciais

A definição do seu principal atributo poderá se traduzir também em um diferencial do seu negócio.

Diferenciação é tudo. Criar a sua como a marca dominante começa por observar o que todos fazem e, em seguida, propor o que ninguém fez ainda.

Para o público escolher você ao invés da concorrência, tem que o perceber como diferente dos outros em seu campo. Ou seja, enquanto diferenciação é um fator crítico, semelhança não tem valor.

O problema com a diferenciação é que vai contra a tendência humana de querer se misturar na multidão, seguir a boiada e fazer o mesmo que os outros porque parece mais seguro. No entanto, esse é, sem dúvida, um equívoco grave, pois cria apenas clones dos líderes do mercado.

Vamos analisar a seguir algumas maneiras de se diferenciar.

A primeira, uma das mais consagradas, é criar novas categorias na sua profissão ou negócio. Entre inúmeros exemplos, vamos nos ater a um recente, que traduz bem a ideia. Provavelmente não existe nada tão comum e usual quanto o café e o seu consumo cotidiano. Pois foi a partir desse segmento carente de diferenciais que a gigante norte-americana Starbucks ergueu-se, promovendo uma autêntica revolução no mercado. Em vez de mais uma entre tantas cafeterias, se posicionou para servir às pessoas, tendo no café um de seus principais produtos. Ou seja, através de um diferencial intangível, a capacidade de enriquecer a experiência do consumidor, estabeleceu uma vantagem competitiva difícil de ser igualada. É exagero dizer que a Starbucks criou uma

A fundação da sua marca

nova categoria em seu segmento? Talvez, mas o fato é que, ao incutir a noção de "um pequeno luxo no meio do seu dia" na cultura urbana dos grandes centros, gerou uma percepção de que tomar um café na rede Starbucks é algo distinto de entrar em outras cafeterias.

Para ter uma noção da revolução que a Starbucks determinou no segmento, considere que, há dez anos, apenas 3% dos cafés praticavam preços diferenciados. Hoje, mais de 40% dos cafés são vendidos por valores acima da média. A Starbucks, com seu diferencial intangível, foi o principal catalisador desse upgrade no mercado global.

Outro bom exemplo, este de um diferencial tangível, vem através do já saudoso Steve Jobs, fundador da Apple, um mestre na arte de criar novas categorias em mercados carentes de diferenciação. O aparelho iPhone, embora fosse praticamente um celular mais avançado, ao ser lançado, inaugurou o segmento dos smartphones. Obviamente, em produtos que incorporam um alto grau de inovação tecnológica, como no caso dos smartphones e também dos tablets, por exemplo, a geração de uma nova categoria ocorre naturalmente.

Na área de prestação de serviços, porém, você não precisa necessariamente de um atributo inovador para se posicionar em uma nova categoria. O seu diferencial pode estar na forma de entregar o que oferece ou até mesmo em um intangível.

Portanto, independente do ramo de atividade em que esteja atuando, busque por nichos não atendidos e tente criar uma nova categoria na sua área.

Uma segunda forma de criar diferenciais é elegendo um atributo principal que seus concorrentes estejam ignorando. Tente

A fundação da sua marca

identificar tendências que estão criando oportunidades. Talvez exista na sua área algum atributo bastante valorizado pelo público, mas ainda não evidenciado por nenhum concorrente. Pode ser qualquer coisa, desde uma forma mais eficiente de atender ao cliente até todo um novo sistema de delivery. Enfim, analise seu mercado e use seu pensamento criativo.

Uma terceira e óbvia maneira de se diferenciar é fornecendo um produto ou serviço que ninguém mais oferece. Nem sempre é uma tarefa fácil, mas, quando se encontra algo que atende as necessidades reais do público, o efeito é avassalador. Procure perceber quais são as insatisfações da sua audiência e veja se poderia fazer algo a respeito.

Quando uma empresa cria algo inteiramente novo, o efeito no mercado é impactante de tal maneira que imediatamente conquista um espaço definitivo na cabeça do consumidor. Empresas como a fabricante de processadores Intel, ou de softwares, como a Microsoft, são tão pouco convencionais que figuram no dicionário como nomes de marcas. Um paralelo pode ser traçado com pessoas que excedem em suas atividades. Faustão, Oprah, Chico, Guga, entre outros, são referências tão poderosas que seus primeiros nomes são sinônimos de suas marcas.

Finalmente, o seu principal fator de diferenciação pode estar focado em se comunicar com a sua audiência de uma forma inédita. Existem mercados tão saturados que tentar estabelecer diferenciais tangíveis resulta em uma busca infrutífera.

Pense, por exemplo, na guerra travada em segmentos muito competitivos, como o dos bancos ou o das cervejas. Tanto no primeiro, focado na prestação de serviços, quanto no segundo, focado em produtos, é cada vez mais difícil gerar diferenciais que se traduzam em benefícios únicos para o consumidor. A saída, então, é estabelecê-los no nível da comunicação.

A fundação da sua marca

Como exemplo, temos determinado banco que adotava o slogan "Banco 30 horas" em suas campanhas, o que é, obviamente, uma figura de retórica, uma metáfora para demarcar um diferencial desconectado da realidade, mas que, de qualquer maneira, contribui para posicionar a marca. Outro exemplo, no caso das cervejas, é o da que se intitulava como a que "Desce redondo". Isso demonstra como a carência de diferenciais reais e comprováveis pode conduzir a estratégias de comunicação que muitas vezes acabam exagerando na dose. De tanto bater nessas teclas, o consumidor acaba se convencendo que esses atributos são reais. Convém lembrar, porém, que atuar nesse nível é possível apenas para grandes marcas com orçamentos de marketing de muitos dígitos.

Em última instância, a questão da diferenciação está ligada à promessa da sua marca, qualquer coisa capaz de minimizar ou remover o risco implícito em adquirir um produto ou serviço que você oferece, ou seja, a garantia de um grande resultado, sinalizando para o seu cliente em potencial a sua disposição em dividir o risco implícito de fazer negócios com você.

Em termos de estratégias de diferenciação para atrair consumidores, existem basicamente três modelos típicos de atrativos. A maioria dos empresários escolhe uma como seu foco primário, a fim de se sobressair em sua comunidade local.

A primeira se foca na liderança de um produto. Essa é a estratégia mais difícil de ser perseguida. Uma pessoa normal não possui a expertise para julgar o que é melhor. Mesmo que seus atributos e benefícios sejam superiores, a maioria acredita que a paridade entre os produtos geralmente cria mais ceticismo que atração.

A segunda se debruça sobre a excelência operacional, um fator relevante, levando em consideração que um serviço pobre é um poderoso repelente, e é crescente a expectativa por melhores serviços. Embora importante — como a defesa do seu time ten-

A fundação da sua marca

tando impedir que o ataque adversário faça gols —, não é um superatrativo inicial para os negócios. Não baseie a estratégia em se orgulhar do seu grande serviço, pois, embora possa manter clientes já conquistados, custa a alavancar novos inicialmente.

E, finalmente, a terceira estratégia baseia-se na intimidade com o consumidor. Essa parece ser a pedra de toque para tornar-se a marca dominante na sua comunidade. Prover distinção, empatia e familiaridade consistente cria intimidade e lealdade. Ela é construída ao proporcionar experiências memoráveis para o consumidor, algo palpável que o faça se sobressair na multidão. Em resumo, quando produtos ou serviços são percebidos como indiferenciados, experiências viram o fator-chave de venda.

Faça um rápido teste a seguir para determinar o atual coeficiente de diferenciação da sua marca, respondendo simplesmente te "sim" ou "não" às seguintes perguntas:

1. Você descobriu o que o diferencia de concorrentes similares?

2. A sua distinção única é reconhecida por todos os seus clientes?

3. A sua distinção tem valor para o seu público-alvo?

4. A sua distinção é comunicada claramente para os seus potenciais clientes?

5. Você é capaz de se distinguir claramente em uma conversa de poucos minutos?

6. A sua distinção está comunicada claramente nos seus materiais de marketing?

7. A sua estratégia de preço está baseada na percepção de valor dos seus clientes?

A fundação da sua marca

8. O boca a boca sobre o seu negócio ou atividade realça o seu diferencial?

9. A sua distinção está presente em todos os seus contatos comerciais e sociais?

Agora veja os resultados de acordo com as suas respostas:

Não

1–4: Você poderia utilizar um pouco mais de sintonia para criar distinção.

5–7: Parece ainda um pouco confuso a respeito do que realmente o distingue.

8–10: Talvez não tenha nenhuma pista sobre quem você é e o que o torna distinto.

Sim

Se respondeu "sim" a mais de seis perguntas, está no caminho certo para construir *brand equity*, ou seja, um valor percebido intangível para a sua marca.

Uma última advertência a respeito de estabelecer diferenciais: todos no seu campo provavelmente oferecem basicamente os mesmos produtos e serviços. O que o torna diferente é o nível da sua expertise, o conhecimento compartilhado com seus clientes. Ou seja, não importa se vende computadores ou serviços de advocacia, o seu conselho é um dos seus ativos mais valiosos.

A fundação da sua marca

Quando os prospectos vêm inicialmente até você, ao entrar pela primeira vez na sua loja, site ou escritório, você é uma página em branco. A forma como se posiciona e o quanto atende às suas expectativas — a qualidade do seu conselho — determinam a maneira como essa folha em branco será preenchida. Prover bons conselhos continuamente leva à conquista da confiança dos clientes, o fator que os converte em consumidores leais, boas referências e ativos do seu negócio.

Independentemente do mercado onde atue, com a quantidade de informação disponível hoje em dia, é difícil ser original a respeito de qualquer coisa, mas você tem uma capacidade única de filtrar as experiências. Portanto, não importa que um princípio já tenha sido enunciado milhões de vezes, pois ainda falta uma visão: a sua.

Enquanto a história pessoal define a personalidade da marca, a sua maneira única de interagir modela o seu diferencial. Em resumo: o segredo é que, no final das contas, você é o ingrediente secreto. Agora que já sabe disso, tudo pode ficar mais fácil.

CAPÍTULO 4

O posicionamento da sua marca: Diga no que você é o melhor

> **O que é uma marca? Uma ideia ou conceito singular que você detém dentro da mente do seu prospecto.**
>
> **Al Ries, CEO Ries & Ries**

A famosa controvérsia sobre o que deveria ser definido antes, o nicho de atuação ou o público-alvo, lembra um pouco a história do que veio primeiro, o ovo ou a galinha. Na verdade, pesam fatores para ambos os lados e provavelmente não há uma forma única de lidar com isso. Já vi iniciativas bem-sucedidas de ambas as maneiras. No entanto, se me fosse perguntado qual estratégia considero mais adequada, tenho uma pequena inclinação por definir o nicho antes da audiência.

O principal risco dessa abordagem é achar que o seu produto ou serviço serve para todo mundo, não que isso seja ruim. Talvez você faça algo do interesse de toda a humanidade. E há nichos assim, como, por exemplo, aqueles relacionados à área da saúde. Porém, ainda que seu produto ou serviço possa interessar a todos, é impossível se divulgar para o mundo inteiro, pois você não dispõe de tempo, recursos ou canais para atingir todo o planeta. É por essa razão que vai precisar focar em uma determinada audiência quando estiver promovendo a sua marca e, a fim de poupar tempo e esforço, naquela mais interessada no que você tem a oferecer.

O posicionamento da sua marca

O fato é que nenhuma iniciativa pode existir sem estes dois elementos: nicho e audiência. Seu nicho de atuação deve ser capaz de suportar a sua atividade, enquanto a audiência tem que perceber valor naquilo que você oferece. O risco é se dedicar durante muito tempo a um determinado nicho ou audiência para descobrir mais adiante que aquele nicho não suporta a sua atividade ou aquela audiência não está disposta a pagar pelo que você tem a oferecer.

Tentar descobrir se o nicho eleito é rentável ou se a audiência idealizada vai comprar pode ser um tremendo desperdício de tempo e recursos. Portanto, o ideal é definir ambos paralelamente. Perceba que um produto ou serviço, ou seja, o seu nicho de atuação, sem uma audiência é uma solução sem um problema, enquanto que uma audiência sem um produto ou serviço é um hobby, e não um negócio. A solução parece estar no meio termo, ou seja, identificar tanto o nicho quanto a audiência o mais cedo possível, a fim de evitar um desperdício de tempo com o foco errado. Em termos práticos, significa identificar o nicho minimamente viável combinado à audiência minimamente sustentável.

Definindo a sua audiência ideal

Se construir a sua marca sem levar em conta as expectativas do seu público, poderá terminar com uma identidade distinta que certamente reflete quem você é, mas que, por outro lado, repele aqueles que deseja ter como clientes.

Escolher o seu mercado-alvo é estabelecer qual será o raio de ação da sua iniciativa. Portanto, em primeiro lugar, é essencial entender que um horizonte amplo demais pode se transformar em uma armadilha e comprometer toda a sua estratégia.

O posicionamento da sua marca

Pelo contrário, ao definir um alvo para o seu negócio, você está rejeitando a ideia de tentar ser tudo para todos, de expor qualquer pessoa à sua marca na expectativa de que queira fazer negócios com você. Assim, evitará um tremendo dispêndio de tempo, energia e recursos.

Eleger um mercado-alvo significa escolher uma audiência específica. A dimensão dessa audiência é o seu domínio ou nicho de atuação. Para eleger um domínio, vamos nos basear principalmente em quatro pilares: cultura, falta de concorrentes, potencial de geração de receita e de crescimento do segmento.

Para selecionar o seu nicho de atuação, comece olhando mais profundamente para os grupos e empresas na sua área e categorizando-os de acordo com os seguintes critérios:

- Receita;
- Onde vivem;
- Profissão;
- Faixa etária;
- Interesses;
- Indústria;
- Tamanho;
- Hobbies;
- Organizações profissionais ou de classe;
- Estilo de vida;
- Ideais;
- Religião;
- Lazer.

O posicionamento da sua marca

Você sabe que definiu o seu domínio quando consegue responder afirmativamente a cada uma destas perguntas:

1. Meus serviços são do interesse deste domínio?

2. Sinto-me confortável trabalhando com este tipo de pessoas e organizações?

3. Posso me comunicar facilmente com estas pessoas e organizações?

4. Historicamente, as pessoas e organizações neste domínio foram capazes de suportar a atividade de um profissional como eu de forma a garantir uma boa geração de receita?

5. Existem outros fornecedores com o meu perfil atendendo a este domínio?

6. Existe potencial neste domínio para gerar referências de negócios?

7. Estarei apto a servir a estes clientes se eventualmente conquistar este domínio?

Se não puder dizer "sim" a todas, refine ou expanda o seu domínio até que consiga.

Se ainda assim estiver tendo dificuldades em definir o seu domínio, tente responder a seguinte pergunta: quem é o seu melhor comprador? Ou seja, se não houvesse nenhum tipo de limitação, quem seria o seu cliente ideal?

Quando você seleciona um nicho, dá um passo gigantesco no sentido de focar a sua iniciativa. Profissionais independentes com mercados-alvo únicos tendem a aumentar sua credibilidade junto aos clientes, se destacando de imediato

O posicionamento da sua marca

dos concorrentes posicionados como generalistas. Além disso, incrementam o apelo junto à audiência na medida em que esta se sente mais segura em trabalhar com uma autoridade que entende suas necessidades específicas.

Ao definir o seu público, leve em conta também o relacionamento. Pense nos serviços que costuma contratar. Não importa o quão talentoso é um profissional, você não se relacionaria com ele se fosse insultado ou se fosse deixado na mão. Ou seja, uma vez mais a questão do diferencial repousa sobre a forma única de demonstrar habilidade em entregar alguma coisa. Em suma, a relação importa tanto quanto o desempenho.

Que tipo de relacionamento o seu público-alvo mais valoriza? Criativo e interativo? Estritamente profissional? Bem-humorado e amistoso? Rápido e caótico? Pessoal e emocional? Se não souber, aprenda.

Vamos perfilar a seguir exemplos de potenciais nichos dentro de domínios amplos para lhe servir como guia e inspiração.

Domínio: Fisioterapeuta.

Nichos: Lesões em atletas, terceira idade, lesões por esforço repetido em local de trabalho.

Domínio: Nutricionista.

Nichos: Alergia a determinados alimentos, perda de peso para homens, dieta vegetariana, dieta orgânica, diabetes.

Domínio: Web designer.

Nichos: Restaurantes ou sites de varejo, sites de notícias ou blogs profissionais.

Domínio: Consultor.

Nichos: Liderança para novos gerentes, produtividade em call centers, seleção e formação de pessoal para serviços terceirizados.

Domínio: Escritor freelancer.

Nichos: Artigos sobre saúde, negócios ou tecnologia, revisão para textos de sites, ghostwriter para profissionais liberais.

Domínio: Designer gráfico.

Nichos: Capas de livros, material de marketing, logomarcas para startups.

Domínio: Advogado corporativo.

Nichos: Fusões e aquisições, marcas e patentes para empresas digitais

Domínio: Consultor financeiro.

Nichos: Consultoria para profissionais liberais, tais como médicos ou advogados, consultoria para casais divorciados.

Portanto, tomando esse último exemplo, vamos supor que você seja um consultor financeiro. Para avaliar qual o seu melhor nicho, poderia ter uma lista como:

- Mercado 1 — Profissionais liberais com receita anual superior a 200 mil reais;
- Mercado 2 — Mulheres executivas com ganhos anuais de 150 mil reais;
- Mercado 3 — Viúvas com patrimônio superior a um milhão de reais.

Avalie cada grupo que possa levá-lo até o seu objetivo final: clientes com recursos e com o perfil ideal para desejar o que você oferece.

Sua marca no contexto da "cauda longa"

Como foi amplamente ilustrado na introdução deste livro, uma série de mudanças na última década contribuiu para facilitar o acesso dos pequenos negócios aos grandes mercados.

Entre essas mudanças, uma das mais importantes, conhecida como o fenômeno da "cauda longa"[2], tem muitas implicações para a construção de uma marca própria e da visão em torno dela.

Basicamente, o que a chamada "cauda longa" propõe é que, atualmente, os mercados não estão mais restritos a meia dúzia de megassucessos como ocorria há algumas décadas. Hoje existe espaço para uma infinidade de marcas e produtos ao longo de uma linha extensa, que forma o que se convencionou chamar de "cauda longa".

O fenômeno começou a ser notado nas vendas das livrarias online, como a Amazon, por exemplo. Um determinado livro sobre alpinismo começou a fazer sucesso e se transformou em um best-seller. O sucesso daquele livro começou a impulsionar outros títulos do gênero. Livros esquecidos há anos de repente experimentaram uma nova e inédita demanda, passando a vender como nunca, saindo do esquecimento direto para a lista dos mais vendidos.

Em parte, isso só se tornou possível graças ao sistema de cruzamento de informações processado pelos portais de comércio eletrônico, capazes de rastrear os hábitos de consumo dos usuários e oferecer-lhes mais daquilo que já consomem — como no exemplo da sugestão de títulos sobre alpinismo para quem havia se interessado pelo best-seller.

---

[2] Termo criado pelo pesquisador e empreendedor digital Chris Anderson.

O posicionamento da sua marca

Hoje, o fenômeno já não se restringe apenas aos portais de comércio eletrônico. A "cauda longa" está em toda parte e se constitui em um novo modelo econômico onde a demanda foi ampliada a limites inimagináveis. Esse novo contexto revela verdades sobre o que o consumidor realmente deseja e de que forma quer adquirir produtos e serviços de toda ordem. As pessoas querem diversidade, vasculhar tudo que está disponível, buscar por sugestões e fugir das escolhas óbvias.

Quanto mais encontram, mais desejam descobrir. Na medida em que vão fundo nas suas escolhas, acabam percebendo que, no final das contas, não gostam tanto daquilo que está dominando o topo das paradas, que seu gosto não é atendido pelas campanhas de marketing tentando convencê-las a se fidelizar a determinados produtos. Esse novo cenário constitui um enorme desafio para os grandes e uma ótima oportunidade para os pequenos.

Nesse novo contexto, existe demanda para tudo. Basta olhar o perfil das vendas de qualquer negócio online para constatar. A App Store — a famosa loja online de aplicativos da Apple — vende unidades de todos os seus mais de 500 mil títulos disponíveis.

Ainda existem megassucessos? Sim, claro, mas — e isso é o que importa — os títulos que não são sucessos, somados, vendem quase tanto quanto os campeões de venda em cada categoria. Essa é a "cauda longa".

A esta altura, você deve estar se perguntando o que isso tem a ver com a construção da sua marca. Resposta: tudo. O princípio é tão pertinente que todos os negócios na era do branding pessoal podem desfrutar dos benefícios da "cauda longa".

O posicionamento da sua marca

Os milhões de pequenos anunciantes locais nas páginas do Google formam a "cauda longa" da publicidade. Temos a "cauda" das iniciativas digitais, a exemplo dos sites de leilão online, como o Ebay ou o Mercado Livre, que exploram nichos e mercados secundários, além de produtos fora de catálogo considerados raridades, e por aí afora.

Temos, ainda, a "cauda" do mercado de trabalho, com novos cargos sendo criados diariamente nas empresas para funções que até ontem sequer existiam.

Em termos de construção de marca, a lição que a "cauda" nos oferece é que você pode e deve se focar em uma especialização.

Um case interessante que tive a oportunidade de acompanhar foi o de uma fotógrafa que frequentava a mesma academia de ioga que eu. Quando soube da minha atividade como construtor de marcas, ela solicitou os meus serviços a fim de obter ajuda no posicionamento da sua iniciativa. Fiz um levantamento dos atributos e do seu background como fotógrafa e, juntos, começamos a delinear a sua história pessoal. Descobrimos que, além da fotografia, outra de suas grandes paixões era exatamente a ioga, prática que iniciara para se livrar das dores na coluna que o exercício de longas horas fotografando lhe causava. Foi aí que veio o estalo. Por que não eleger o seu nicho de atuação combinando os seus dois principais atributos para gerar um posicionamento único e distinto? Foi assim que se tornou uma especialista em ministrar aulas de ioga para fotógrafos profissionais que, como ela, sofrem eventualmente dos mesmos problemas posturais.

Portanto, a lição da "cauda longa" é simples e direta: esqueça tentar se espremer no topo da parada de sucessos, entre os campeões de venda. Isso é para poucos. O futuro, aliás, o presente, está nos milhões de pequenos nichos supe-respecíficos de mercado.

Entender e assimilar isso será fundamental a seguir, quando focarmos no posicionamento da sua marca. Veremos que o objetivo do seu posicionamento não é o de apelar cada vez para mais clientes, e sim mais intensamente para menos.

Criando o posicionamento da sua marca

A maneira como se posiciona em relação aos concorrentes é a viga mestra por trás da sua marca pessoal.

Colocando de forma simples, posicionamento é como um produto aparece em relação a outros no mercado. Isso leva em conta omissões, fraquezas ou aspectos menos atraentes dos concorrentes que estão brigando pela atenção do consumidor. Ele assegura que toda a atividade relacionada à marca possui uma abordagem consistente e focada. Também garante que ela seja única, distinguível, sustentável e que possa ser fornecida regularmente através de vários canais.

Embora a percepção individual da sua marca não possa ser controlada, ela pode ser influenciada. Na verdade, o posicionamento tem vida própria. Você propõe o mais adequado, mas é o mercado, em última instância, que determina o sentimento em torno dele e dos concorrentes. Apesar disso, é possível influenciar positivamente essa percepção através de ações estratégicas.

A ideia aqui é ser lembrado por alguma coisa, ao defini-lo como o provedor de algo único dentro de um domínio.

O posicionamento da sua marca

Para compreender melhor o conceito, basta pegar o exemplo de domínios clássicos, seja o de material esportivo, refrigerantes, telefonia ou qualquer outro.

Vamos considerar o da indústria automobilística, domínio onde há posicionamentos claros e coerentes de vários players. Pense, por exemplo, na marca sueca Volvo. O que ela vende? Segurança. Ela ocupou essa posição de tal forma que seus carros se tornaram sinônimo de estabilidade e segurança — item importante para um numeroso subdomínio de consumidores. Já a BMW possui um posicionamento totalmente distinto, focado no alto desempenho, item relevante para outro subdomínio da indústria automobilística. Na extremidade oposta, vamos encontrar a Volks, que, acima de tudo, inspira confiança. São posicionamentos bastante claros e, embora os conceitos e as estratégias de comunicação tenham evoluído ao longo do tempo, há consistência em torno deles.

Em um paralelo com pessoas, marcas como a da popstar Madonna também evoluem ao longo do tempo, mas sempre vendendo certa transgressão com a qual uma parcela do subdomínio da indústria fonográfica se identifica. Madonna é um exemplo de alguém com uma enorme capacidade de se reinventar enquanto entrega constantemente aquilo que sua audiência deseja, mantendo-se fiel ao posicionamento e aos valores da sua marca.

Cada marca bem-sucedida se posiciona para se ajustar em um compartimento específico na mente do seu público-alvo. Quando pensa, por exemplo, em um determinado automóvel, o associa a um atributo principal.

Posicionamento é, portanto, o eixo central da construção da sua marca.

O posicionamento da sua marca

Ainda que não precise ser radicalmente diferente dos concorrentes, o seu posicionamento tem que ser tangível o bastante para ser percebido como uma alternativa genuína.

Outra questão relacionada é quanto a se colocar como especialista ou generalista.

Como regra geral, não se posicione enquanto generalista a não ser que esteja entre os cinco melhores na sua categoria, possua uma proposição única de valor (veja à frente) expressa de forma muito clara ou, ainda, seja multitalentoso e tenha conquistas comprovadas em diferentes áreas.

Vamos pegar o exemplo de um fotógrafo freelancer. Caso se posicione como generalista, as chances de sucesso, mínimas, dependem do quanto será percebido como melhor do que seus milhares de concorrentes. Por outro lado, um generalista excepcional que restringe o seu trabalho a fotos de casamento, por exemplo, poderia limitar o crescimento do seu negócio.

O que as estratégias de posicionamento das grandes empresas demonstram é que especialistas tendem a ser mais valorizados — uma verdade suprema para marcas pessoais. Além de bem embalado, você tem que estabelecer algo claro e benéfico com todas as letras, a fim de que o consumidor possa diferenciá-lo da concorrência. O ponto é: uma vez diferenciado, maior será a probabilidade de ser relembrado.

Se atuar como designer, pode se posicionar como o profissional especializado em desenvolvimento de embalagens para produtos femininos ou, se a sua área é consultoria, como alguém que ajuda empresas a se tornarem sustentáveis ou, ainda, se o seu foco de atuação é finanças, pode se posicionar como o especialista em aconselhar casais recém-divorciados, e assim por diante.

O posicionamento da sua marca

Lembre-se que você sempre tem pelo menos duas opções: implorar por negócios de qualquer um e esperar que alguém necessite dos seus serviços, ou divulgar com confiança o seu valor para o domínio que mais necessita dele e iniciar uma relação de benefícios mútuos com pessoas ativamente interessadas nos seus serviços. Convenhamos que a segunda opção faz mais sentido do que a primeira. Sua especialidade é esse conjunto de habilidades focado nas necessidades dos seus prospectos.

Quando cria algo claro e benéfico para o seu domínio, você se posiciona e, em contrapartida, recebe a sua atenção focada, ou seja, está "pré-vendido". Perceba que, quanto mais único o posicionamento, mais protegido está dos concorrentes — e mais estreita é a conexão com seus clientes.

Lembra-se daqueles conceitos expostos na introdução? McDonald's: não vende hambúrgueres, mas momentos prazerosos em família, etc. Vamos tomar novamente a Disney como exemplo: que emoções e imagens vêm à mente ao ouvir o seu nome? Alegria, excepcional serviço ao consumidor, família, limpeza e inovação. Todos esses atributos simbolizam a Disney, sua essência e o que oferece. Assim, atrai exatamente os clientes que buscam esses serviços e acreditam nesses valores.

Ao definir claramente a sua marca, está descrevendo a sua singularidade, aquilo que faz você e o seu negócio serem únicos. Assim, minimiza o risco de rejeição, pois os clientes sabem o que você tem a oferecer e, portanto, tomam decisões mais rápidas de compra.

O seu posicionamento é determinado com um olho no seu domínio e o outro nos seus concorrentes. O que pretende encontrar é o ponto ideal de entrada no seu mercado.

O posicionamento da sua marca

Para isso, precisa analisar outras iniciativas que oferecem soluções parecidas com as suas.

Monte uma lista de quais e quem são os seus principais concorrentes. Não se preocupe caso se depare com muitos no seu nicho de atuação. O fato de haver muita gente oferecendo soluções para a mesma audiência é um bom indicador de um mercado de alto potencial a ser explorado.

O que você necessita é de uma estratégia para saber onde posicionará a sua marca, de tal forma que o diferencie da concorrência e, ao mesmo tempo, seja percebido pela sua audiência como a escolha preferencial.

Para isso, você vai precisar fazer o seguinte exercício. Pegue uma folha, trace duas retas perpendiculares, como se fosse fazer um gráfico, e coloque uma seta em cada ponta, uma na horizontal e outra na vertical.

O passo seguinte é nomear cada uma dessas setas, elegendo dois adjetivos para descrever o seu mercado. Por exemplo, uma seta poderia ser chamada de "corporativa" e a outra de "usuário final", se é assim que o seu nicho de atuação se divide. Ou algo como "presencial" e "à distância". Ou, ainda, "customizado" e "padrão", ou "estratégico" e "tático". A ideia é encontrar dois eixos que definam o seu mercado.

Em seguida, divida a área composta pelas duas retas em quatro, formando um quadrante dentro do espaço onde ficaria o gráfico.

Agora retorne à lista de concorrentes e comece a posicioná-los nos quadrantes conforme as suas características. Por exemplo, digamos que o concorrente *A* tem uma solução apenas para o mercado corporativo, então ocuparia o qua-

O posicionamento da sua marca

drante correspondente. Outro concorrente, *B*, tem soluções para ambos os mercados, então ocuparia a linha entre dois quadrantes. E assim por diante. Você quer um mapa claro de onde se situam os seus principais concorrentes, para encontrar o ponto de entrada ideal, o quadrante ainda não ocupado onde poderia posicionar a sua marca.

A ideia aqui é descobrir um segmento não atendido dentro do seu nicho de atuação. Se não encontrar o seu posicionamento na primeira tentativa, experimente alterar os nomes das setas do gráfico até chegar a uma matriz que reflita a realidade do seu mercado.

A seguir, preencha este questionário geral, que também vai auxiliá-lo no posicionamento da sua marca.

- Quem são os seus concorrentes?
- Como eles atraem clientes? Quais serviços oferecem?
- Quais fatores impactam a compra desses clientes? Preço, qualidade, conveniência, status?
- Quais são seus paradigmas?
- Quem são os clientes dos seus sonhos?
- Qual o seu nicho?
- Os seus potenciais clientes têm que perceber que você é a resposta. O que eles buscam?

Agora, com essa fundação em foco, analise os interesses, gostos e hábitos do seu domínio e dê a ele algo para se lembrar (Volvo: segurança, Disney: fantasia, etc.).

Descubra um conceito que possa deixar na mente do consumidor e torne-se o número um na sua categoria.

O posicionamento da sua marca

Uma marca pessoal construída a partir de um posicionamento interessante é a do chef britânico Jamie Oliver. Ele está longe de ser o chef mais conceituado do planeta, não cursou as consagradas escolas de culinária francesas e, ainda por cima, vem de um país famoso pela falta de imaginação gastronômica. No entanto, Oliver pegou seu melhor atributo — preparar pratos elaborados de forma prática e rápida — e sua invejável capacidade de comunicação para gerar um posicionamento para a sua marca pessoal que o transformou em um fenômeno de mídia. Em resumo: o posicionamento correto é capaz de transformar até um plebeu britânico em chef renomado.

CAPÍTULO 5

A embalagem da sua marca: Comunique o seu valor para impactar a sua audiência

> **Quando olha para uma grande marca, você vê uma promessa.**
>
> **Jim Mullen, Fundador da Mullen Advertising**

Toda marca contém uma promessa implícita que funciona como a garantia de que o autor vai realizar os resultados esperados.

Na medida em que realmente cumpre o que promete — desde manter prazos até a cordialidade nos relacionamentos —, ganha créditos com o cliente, o que significa dizer que adquire credibilidade e, consequentemente, atrai mais negócios.

Em outras palavras, a promessa é algo capaz de minimizar ou remover o risco implícito de adquirir seu produto ou serviço. Fornecer uma garantia torna-o obviamente "mais fácil de comprar", sinalizando para o seu cliente em potencial que está disposto a dividir o "risco" de fazer negócios com você.

Por outro lado, se a promessa é quebrada, cria-se uma dúvida na mente do consumidor — e abrem-se brechas para os concorrentes. Portanto, manter uma promessa é uma daquelas regras de ouro que não deve jamais ser desrespeitada. Como em qualquer relacionamento — o que as marcas propõem é um diálogo permanente —, quando isso ocorre, geralmente paga-se um preço muito alto.

A embalagem da sua marca

De todos os conceitos que modelam a embalagem da sua marca, é um dos mais importantes, pois, além de traduzir a essência do que você propõe, determina a base do seu relacionamento com o cliente.

A promessa de marca é uma declaração que os negócios mantêm a fim de focar seus esforços naquilo que deveria fornecer para satisfazer necessidades específicas no mundo real. Ela ajuda a definir as suas ações e o grau de compromisso com os outros, além de servir como um meio para medir a consistência e o sucesso de uma marca.

Pense sobre algumas delas — Apple, Starbucks, Mercedes, Amazon — e em suas promessas. Você tem determinadas expectativas em relação a elas e ficaria desapontado se fossem quebradas. Sabemos exatamente o que esperar ao comprar seus produtos. Faça-se, então, a mesma pergunta: o que a minha marca promete aos meus clientes?

Enquanto o posicionamento se refere à escolha do campo onde a sua marca pretende germinar, a promessa é o fruto que os clientes irão eventualmente colher, de acordo com as expectativas geradas na mente e no coração da sua audiência.

Existem basicamente três pontos principais aos quais deve estar atento para criar — e, ainda mais importante, manter — a promessa da sua marca. Para motivar os seus clientes, ela deve atingir pelo menos três metas: estar relacionada a um benefício com forte apelo, ser autêntica e factível, e, obviamente, sempre ser cumprida. A sua promessa pode ser algo simples, desde que percebida como algo que enriquece a experiência do consumidor.

Feche os olhos por um instante e reflita sobre qual promessa pretende associar à sua marca. Amanhã, ao acordar, veja se ainda faz sentido e comprometa-se a cumpri-la pelo resto dos seus dias.

A embalagem da sua marca

A sua proposição única de valor

Outra forma de propor uma promessa é através da "proposição única de valor". Um dos conceitos que revolucionou o marketing é expresso pela sigla USP, que, no original em inglês, significa *Unique Selling Proposition* e foi traduzida como "proposição única de venda". Criado na década de 1950, dominou a publicidade até os anos 1980, ajudando grandes empresas a entender a questão do posicionamento. A USP nada mais é que o principal atributo sintetizado e expresso em um valor essencial em torno do qual é desenvolvida toda a estratégia de comunicação. A ideia por trás da USP é que, como há sempre vários atributos, a divulgação deveria focar exclusivamente em um único benefício tangível, a razão pela qual o consumidor deveria preferir aquela marca ou produto ao invés do concorrente.

Com o passar do tempo, a USP acompanhou a evolução da comunicação das grandes empresas e foi readaptada a fim de atender às novas demandas do mercado. Uma das variações do conceito original que ganhou força substituiu "venda" pelo termo "valor". Assim, a sigla passou a ser "proposição única de valor", mais abrangente e pertinente ao universo das marcas.

A proposição única de valor, do original Unique Value Proposition (UVP), é a ideia atrativa e diferenciada que estabelece um produto acima dos seus concorrentes. A proposição da Fedex, por exemplo, é sua capacidade de entregar encomendas com pontualidade. A Domino's Pizza construiu todo o seu posicionamento em torno da proposição de entregar uma pizza quentinha e crocante em menos de 30 minutos ou o cliente recebe seu dinheiro de volta.

O que existe no seu trabalho, produto ou serviço que seja único? A sua UVP é a frase ou parágrafo que evidencia o seu diferencial e gruda na mente do cliente. Uma UVP efetiva deve estar

A embalagem da sua marca

conectada ao posicionamento. No caso da Fedex, a promessa de entregar com pontualidade é perfeitamente complementada por uma percepção em torno de adjetivos como "rápido" e "acessível". Ou seja, a sua UVP e o seu posicionamento devem conduzir à mesma mensagem.

Para ser eficaz, a sua UVP precisa atender a pelo menos três critérios: você deve ser capaz de fornecê-la em bases sustentáveis, deve ser consistente com o posicionamento da sua marca e deve ser focada em algo que o seu mercado-alvo necessite e deseje.

Uma proposta única de valor refinada pode ajudá-lo em vários sentidos. Discorro aqui sobre alguns dos principais benefícios:

Ela o ajuda a focar naqueles aspectos do seu negócio que fazem a maior diferença. Você sabe exatamente o que precisa entregar a fim de se tornar a opção preferencial do seu mercado. Revela também as conexões entre o seu produto e as metas dos seus clientes. Entender como as pessoas acreditam que o seu produto ou serviço agrega valor é fundamental para o sucesso do seu negócio. Sem isso, é apenas um exercício de adivinhação. Nesse sentido, pode ajudá-lo a desenvolver conceitos mais persuasivos. Você não precisa adivinhar se está focando o seu marketing da forma correta, pois pode criar uma lista simples e clara daquilo que realmente faz a diferença e focar apenas nisso.

Também o ajuda a evitar o desperdício de tempo, dinheiro e energia. Você não vai perder tempo correndo atrás de clientes sem interesse no seu produto, nem investirá oferecendo algo que não atrai mais consumidores, e tampouco vai desperdiçar energia com esforços de marketing que não geram resultados.

Ela lhe fornece as palavras certas para transmitir a mensagem da sua marca. Muitas vezes, extrapolamos tanto uma mensagem que ela acaba perdendo seu poder de persuasão.

A embalagem da sua marca

Ao refinar a sua UVP, você pode simplesmente copiar as ideias básicas e construir a mensagem em torno delas.

Ela mostra como os seus clientes enxergam você e o seu produto. Sem uma forte proposição única de valor, você corre o risco de falar sobre o seu produto de uma forma que não ressoa no mercado. Embora não consiga perceber o que há de errado, a sua mensagem faz os potenciais clientes se sentirem confusos em relação à sua proposta e, assim, acabam não fazendo negócios com você.

Uma UVP forte não é apenas um conjunto de palavras e frases para descrever a sua empresa, produto ou missão. Embora possa ser utilizada para tudo isso, uma UVP é um conjunto verificável das razões mais persuasivas pelas quais o seu cliente deveria fazer o que espera que ele faça.

Uma UVP é formada por duas partes, ambas igualmente importantes. A primeira articula o seu valor, ao descrever a percepção total do seu produto ou serviço, tudo aquilo que clientes em potencial valorizam na sua oferta. A segunda deve fornecer razões confiáveis para comprovar que você é capaz de cumprir o que promete.

Se alguma coisa não é percebida como única, é insuficiente para construir uma UVP forte. Ao comprar um carro, por exemplo, você não adquire apenas a habilidade de se deslocar do ponto A para o ponto B. Você também ganha a conveniência de não depender do ônibus. No entanto, esse benefício é comum a toda a categoria de automóveis. Ou seja, alguns valores são esperados de você e dos seus concorrentes. Ainda que seja capaz de oferecê-los, isso não o situa como uma opção superior à concorrência.

Pessoas escolhem automóveis baseando-se em vários critérios, tais como tamanho, preço, status e design, entre outros atributos e benefícios. Também fazem escolhas baseadas em

A embalagem da sua marca

valores intrínsecos. Talvez um determinado automóvel faça-os se sentir mais seguros, ou projete uma imagem que aspiram.

Você precisa de algo único para oferecer. Do contrário, as pessoas não terão uma razão para escolher você ou a sua marca e, caso disponham disso, seus concorrentes poderão se tornar a escolha preferencial. Ou seja, em pelo menos um sentido, o seu produto ou serviço precisa ser uma opção superior à dos seus concorrentes.

Ao formular a sua proposição, um aspecto que a maioria esquece é que ela não tem que ser necessariamente verificável na realidade. Ou seja, você só precisa ser único na mente do seu cliente. Não importa se alguém mais está oferecendo a mesma coisa, desde que o seu mercado não saiba disso.

Isso pode ocorrer de três formas:

- Clientes e prospectos ignoram que seus concorrentes oferecem as mesmas ofertas únicas que você. Basear a sua proposição de valor nisso, porém, poderá comprometer os seus resultados, pois é algo cada vez mais raro, na medida em que buscar e encontrar alternativas online tornou-se extremamente fácil;

- Os concorrentes não anunciam. Muitas iniciativas não se dão conta de que oferecem algo percebido como tendo valor porque não divulgam suas propostas. Portanto, se, na sua área, apenas você anuncia o atributo de um produto que todos os outros possuem, isso pode ser visto como algo único;

- E, finalmente, os clientes não acreditam que seus concorrentes possam entregar algo tão bem. Muitas vezes, é quase impossível ser significativamente diferente oferecendo algo que outros também oferecem. No entanto, se as pessoas acreditam que você é um fornecedor melhor, vão escolhê-lo mesmo que seus concorrentes ofereçam o mesmo produto ou serviço.

A embalagem da sua marca

Enquanto as pessoas acreditarem que você é a melhor opção ao menos de uma forma, terão fortes motivos para escolher você ao invés da concorrência. Para formular essa parte da sua proposição, tem que chegar ao âmago do que faz a maior diferença para o seu público-alvo. O âmago são as razões mais básicas pelas quais os seus prospectos preferem você à concorrência.

Você precisa refinar os mais importantes benefícios — aqueles na mente do seu cliente — que a sua mensagem central fornece. A maioria coloca sobre a mesa apenas uma lista dos atributos dos seus produtos, tais como preço e qualidade. Se não identificar os benefícios mais valiosos desses atributos, deixará de lado o verdadeiro potencial da sua oferta.

Para isso, é necessário encontrar palavras que ecoem na sua audiência. Você tem que apresentar a sua mensagem em uma linguagem diferente daquela empregada pelo cliente, a fim de remover a necessidade dele de buscar alternativas. Ou seja, ainda que a sua UVP seja forte, os prospectos poderão ir atrás de opções, a não ser que você seja hábil em desqualificar e eliminar essa necessidade.

Recapitulando, a primeira parte da proposição descreve o valor do seu produto ou serviço, dando às pessoas uma razão para acreditar que as suas ofertas são tão valiosas quanto a sua mensagem central faz parecer.

A segunda deve fornecer argumentos para apoiar a primeira. Ainda que não seja difícil incorporar uma grande promessa, cumpri-la pode não ser tão simples assim. Se as pessoas não acreditam que você seja capaz de fazer o que promete, não terão nenhuma razão para lhe dar atenção.

Existem formas básicas para uma promessa ser percebida como sólida e passível de ser cumprida.

A embalagem da sua marca

Em primeiro lugar, seja específico. Embora as pessoas não achem que você seja capaz de sustentar uma mentira, não acreditarão em promessas muito vagas. No entanto, se for específica, pode soar mais aceitável. Por exemplo, "a maior loja online de sapatos" é vago demais e será percebido como marqueteiro e provavelmente esquecido rapidamente. Já algo na linha de "uma seleção de fantásticos 28.256 pares de sapatos" é específico o suficiente para causar impacto e tornar-se memorável.

Em segundo lugar, apresente provas. Estudos ou pesquisas poderiam sustentar a sua promessa? É possível demonstrar facilmente a lógica por trás dela? Tente apresentar a prova antes da promessa. Por exemplo, em vez de dizer algo como "Este tratamento cura a calvície. Segundo um estudo com mil pacientes...", diga "De acordo com um estudo realizado com mil pessoas, 95% dos casos de calvície podem ser curados com este tratamento". Enquanto iniciar pela promessa coloca sob suspeita o que vier em seguida, começar pela prova gera a expectativa de encontrar algo verdadeiro.

Em terceiro lugar, ofereça garantias. Você pode garantir os resultados que promete? Se não acredita ser capaz de fornecer resultados bons o bastante para dar uma garantia, então por que alguém deveria acreditar nisso? As garantias convencionais estão um pouco desgastadas, na medida em que praticamente todo mundo oferece a mesma coisa. Porém, e se puder dobrar ou triplicar o seu valor percebido? Por exemplo, você poderia sustentar uma promessa em uma proposição do tipo "devolvo o seu dinheiro em dobro caso o serviço não traga o resultado esperado"?

Em quarto lugar, forneça maneiras fáceis de testar o seu produto ou serviço. Uma demonstração gratuita, demo, ou algo

A embalagem da sua marca

que permita às pessoas perceber em primeira mão que está dizendo a verdade tem o poder de retirar qualquer sombra de dúvida. Por exemplo, oferecer um período de teste gratuito online sem solicitar de antemão o cartão de crédito. A possibilidade de testar um serviço instantaneamente sem a necessidade de se comprometer em troca sustenta qualquer promessa.

E, finalmente, deixe alguém falar por você. O mundo está tão anestesiado diante de promessas de marketing infladas que as palavras nem chegam a ser ouvidas. Porém, quando outro fala por você, há menos razões para duvidar. Testemunhais e endossos de pessoas reconhecidas e respeitadas do seu meio são especialmente eficazes para construir credibilidade e confiança, ainda que depoimentos de clientes também funcionem bem.

Enfim, não existe uma forma ideal de comprovar as suas promessas. A abordagem correta varia de caso a caso. Além disso, você vai precisar utilizar diversos métodos para provar as diferentes partes da sua proposição de valor. Você pode cometer vacilos em várias áreas e o seu negócio não será prejudicado, mas fracassos em sustentar a sua UVP poderão minar a sua credibilidade.

Quando criada da forma correta, devidamente refinada e utilizada apropriadamente, uma proposição única de valor pode fornecer uma vantagem competitiva substancial para a sua marca.

Criando a declaração da sua marca

Agora está na hora de começar a juntar as peças que formam a arquitetura da sua marca.

A embalagem da sua marca

A declaração é um instrumento de gerenciamento interno, o mapa que mostra a direção que você está seguindo e a base para direcionar as suas ações de marketing.

A declaração pega os principais componentes da sua marca e os agrupa em uma única sentença. A esta altura, você já deve ter definido a sua especialidade (quem você é), qual serviço oferece (o que faz), qual o seu domínio (para quem faz) e o seu principal atributo (o que faz melhor que seus concorrentes ou no que você é único).

Ou seja, a sua declaração pode ser expressa pela seguinte fórmula: Especialidade + Serviço + Domínio + Principal Atributo = Declaração

Vamos desmembrar os elementos da fórmula. A entidade X (empresa, produto, serviço ou profissional) é especializada em (categoria, especialidade) ajudar o público Y (seu domínio primário) a atingir/conquistar o benefício Z (seu benefício primário). Ao contrário de outros dessa especialidade (categoria), a entidade X (empresa, produto, serviço ou profissional) tem o diferencial D (seu principal diferencial).

A primeira parte da sentença diz às pessoas quem você é e como os outros (seu domínio) podem se beneficiar disso. A segunda parte diz por que e como você é diferente.

O formato final da sua declaração deve ser algo como: "Consultora financeira que se especializou em ajudar casais divorciados a encontrar soluções financeiras aceitáveis mutuamente e que ajuda cada um a encontrar o seu próprio caminho para um crescimento financeiro independente". Ou "corretor de imóveis que auxilia companhias de médio porte a encontrar espaços comerciais com ótima relação custo-benefí-

A embalagem da sua marca

cio. Ao contrário de outros corretores, fulano é especializado em médias empresas."

Não se importe com o tamanho, pois isso ainda não é um slogan. O importante aqui é a clareza. Lembre-se que isso é um documento confidencial, nem os clientes e muito menos os seus concorrentes terão acesso a ele.

Ao fazer a declaração, não altere as suas habilidades, apenas ajuste a descrição para combiná-las com as necessidades do seu público-alvo. A declaração deve descrever basicamente como manifesta a sua missão pessoal e sintetizar a visão do seu papel no mundo.

Em função disso, ao formatar a declaração, não deixe de escrever a sua maior área de interesse profissional, mesmo que não seja aquilo que está fazendo agora. Se você é um profissional em início de carreira ou um empreendedor começando um novo negócio, talvez não possa perseguir imediatamente o seu maior interesse. Porém, uma vez que essa informação é confidencial, procure sustentar a sua meta maior na sua declaração, a fim de relembrá-lo o tempo todo do seu objetivo mais definitivo.

Veja alguns exemplos de declaração de marca de diferentes áreas para inspirá-lo:

- Consultor de negócios: "Ajudo empresas a contratar e reter os melhores talentos. Mixo o intangível com o sistemático, absorvendo mudanças com o foco na implementação."

- Consultor: "Meu foco é o alinhamento de processos industriais, resultando na aceleração sustentável de resultados, redução no desperdício e maior lucratividade."

A embalagem da sua marca

- Proprietário de hotel: "Sou um provedor de serviços de alto valor agregado e proporciono ao turista sofisticado uma experiência customizada no meu hotel."

- Consultor financeiro: "Utilizando a minha abordagem holística e princípios inovadores de Total Performance Scorecard, ajudo os meus clientes a realizar seus sonhos financeiros."

- Coaching de carreira: "Inspiro as pessoas a transformar o gerenciamento de suas carreiras em estratégias criativas e oportunidades dinâmicas."

- Empresário: "Através da minha intuição e dedicação genuína aos outros, construo relacionamentos duradouros e frutíferos com a minha equipe, parceiros de negócios e clientes para trazer um retorno consistente e sustentável para a minha empresa."

- E, finalmente, a minha: "Eu ajudo pessoas e iniciativas a criar marcas que são a expressão das suas personalidades e as posiciono estrategicamente para monetizarem os seus mercados."

Modelando a mensagem da sua marca

O nome da sua iniciativa tem potencial para identificá-lo instantaneamente perante os clientes. Ele é básico e, ao mesmo tempo, importante.

A primeira dúvida que todo empreendedor costuma ter a esse respeito é se deveria desenvolver uma marca corporativa ou adotar o seu próprio nome.

A resposta pode variar de acordo com o perfil de cada negócio. No entanto, na imensa maioria dos casos, o seu nome deveria ser a

A embalagem da sua marca

sua marca corporativa, pois as pessoas em geral são mais propícias a se identificarem com marcas pessoais, que personificam indivíduos, do que com genéricos que podem representar virtualmente qualquer coisa. Além disso, quando alguém emprega o seu nome em uma empresa, coloca a sua própria reputação em jogo — e há centenas de exemplos de sucesso desse tipo ao longo da história.

O princípio a ser seguido é que o nome escolhido deve diferenciá-lo da concorrência. Dê uma olhada na denominação de atividades similares à sua, e a grande maioria deve ser bem parecida. Em alguns casos, como nos de escritórios de advocacia, por exemplo, a própria cultura da profissão demanda isso. A sua indústria e o nicho onde atua têm grande influência na maneira como nomeará o seu negócio. Na indústria onde me formei, a publicidade, a maioria das agências leva o nome de seus fundadores, profissionais que muitas vezes acabaram se tornando ícones dessa atividade.

Caso possível, a melhor e mais direta forma de nomear a sua iniciativa é utilizar o seu próprio nome. Lembre-se que as pessoas querem fazer negócios com você, e não com uma empresa. Quando adota o seu próprio nome, alavanca todo o potencial de familiaridade que elas já têm com você. Isso serve para praticamente todas as atividades, de arquitetos a médicos, de engenheiros a publicitários, e de advogados a financeiros.

Claro que existe uma enorme tentação em cair na armadilha de assumir um nome corporativo imponente e sonoro. Muita gente faz isso na crença de que ele inspira mais credibilidade. No entanto, basta pensar na quantidade de megaempresas que adotaram o sobrenome de seus fundadores para jogar por terra qualquer argumento nesse sentido: Ford, Disney, Vuitton, Armani, etc. Uma marca construída em torno do nome do seu fundador traz no seu âmago a paixão, a visão e os princípios dessa pessoa.

A embalagem da sua marca

Portanto, antes de pensar em algo moderninho e sonoro, comece pelo seu próprio nome. Você pode e deve adicionar outros elementos, a fim de adequar às suas habilidades e profissão. Como, por exemplo, Fulano Design Studio, Catering by Fulana ou, ainda, Seu Nome Arquitetura Contemporânea, e assim por diante. Ou seja, se puder descrever o que você faz em uma ou duas palavras, é isso que deveria adicionar. Caso não seja possível, certifique-se de utilizar um slogan que comunique claramente o que você faz.

Possíveis restrições a utilizar o seu próprio nome em vez de um corporativo incluem, por exemplo, a ideia de que os clientes terão a expectativa de trabalhar diretamente com você, quando, na verdade, desejaria criar um sistema que funcionasse por conta própria. Perceba que, independente disso, as pessoas sempre vão querer trabalhar com o titular. O nome não vai mudar isso, mas, eventualmente, o tipo de atendimento à disposição do seu cliente sim.

Outro mito a respeito de nomes corporativos é o de que são capazes de criar a ilusão de que a empresa por trás deles é maior do que uma atividade centrada em torno de uma pessoa. Na verdade, a qualidade do serviço fala infinitamente mais a respeito da empresa do que o nome. Afinal de contas, a mídia já se encarregou de satirizar pretensas abordagens pseudocorporativas, vide a famosa "organizações Tabajara".

Outro senão é que talvez considere o seu nome inapropriado para uma empresa, seja porque é complicado demais ou demasiado simples. Em ambos os casos, não faz muita diferença. Lembre-se que mesmo um sujeito com um nome complicado como Arnold Schwarzenegger conseguiu se tornar um astro conhecido e governar a Califórnia. No outro extremo, temos o exemplo da rede Ricardo Eletro, um nome comum, mas que se tornou referência em seu segmento.

A embalagem da sua marca

Uma vez definido o nome, você deve pensar sobre o slogan do seu negócio. Empresas criam slogans basicamente por três motivos: comunicar melhor seus produtos e serviços, traduzir a emoção que esperam que o consumidor associe a eles ou motivar pessoas à ação.

No entanto, a maioria de nós não é uma grande corporação nem dispõe dos megaorçamentos de marketing para suportar campanhas milionárias na mídia e fixar slogans puramente emocionais, seja o "Tem coisas que o dinheiro não compra" da Mastercard ou o "Just Do It" da Nike, só para citar dois exemplos recentes de slogans absolutamente bem posicionados e memoráveis.

Portanto, ao desenvolver um slogan para a sua atividade, ele deve cumprir uma de duas funções: dizer o que você faz e para quem, ou quais os benefícios do seu serviço. Na primeira opção, estão assinaturas do tipo "Ortopedista para atletas profissionais", "Consultor para empresas de alta tecnologia" ou "Dentista para crianças com menos de 5 anos". Na segunda, poderiam ter o seguinte formato: "Planejamento financeiro para solução de conflitos em empresas familiares" ou "Web design de alto nível acessível a empresas startup", e assim por diante.

Ou seja, o seu slogan tem o único propósito de dizer aos potenciais clientes alguma coisa útil a respeito de você e de seu negócio. Porém, como não dirigirão mais que dois segundos de atenção a ele, deverá ser curto, contendo de duas a quatro palavras.

Slogan é a assinatura institucional, a essência do que você quer dizer a respeito das suas habilidades, personalidade e principal atributo. Por esse motivo a sua declaração deve ser escrita antes do slogan, pois a mensagem final da sua marca

A embalagem da sua marca

é uma síntese ainda mais precisa do que está expresso na declaração.

Elaborar um slogan é, por si só, uma tarefa de suma importância e, ao contrário da máxima sobre os pênaltis no futebol ("tão importantes que o próprio presidente do clube deveria bater"), não tem que necessariamente ser feito pelo titular da empresa. Você pode, e talvez deva, contratar os serviços de uma agência ou de um profissional especializado.

Tal como a declaração, um slogan também deve conter componentes básicos, mas, além de uma mera descrição do seu valor, tem que impactar.

De acordo com a sua atividade e posicionamento, deve optar por um estilo que pode variar desde absolutamente sóbrio e institucional até bem-humorado e sarcástico.

De uma maneira geral, a criação de um bom slogan é matéria para profissionais da publicidade, capazes de elaborar mensagens diretas e criativas. De qualquer maneira, como regra geral, procure evitar termos banalizados, como "soluções" ou "sistemas", que, de tão utilizados, acabaram perdendo seu significado. Seja o mais específico que puder, diga o que você faz e para quem, com precisão. Se, além disso, conseguir uma frase criativa e sonora, já está no lucro. As próprias agências vêm tratando de purificar a linguagem dos slogans, passando a adotar conceitos mais informais e menos rebuscados, como um sinal dos tempos, onde, antes de tudo, a comunicação tem que ser absolutamente direta.

Em relação a ícones gráficos, você pode ou não optar por um. Embora nem todas as marcas tenham um, o ícone certo aumenta potencialmente a retenção da mensagem. Um ícone pode ser qualquer coisa, desde formas gráficas elegantes até

A embalagem da sua marca

uma ilustração complexa focada no seu mercado-alvo. Como regra geral, evite o mais comum dos equívocos: utilizar ícones que todos usam na sua profissão, como, por exemplo, corretores de imóveis que colocam uma casinha no cartão pessoal, ou um chapéu de cozinheiro para um serviço de catering, e assim por diante. Também não é recomendável o uso de fotografias, pois raramente reproduzem com fidelidade.

Uma logomarca pode ser tão simples quanto o seu próprio nome em uma tipologia atrativa ou tão sofisticada quanto os melhores logos corporativos. De uma maneira geral, deve conter os seguintes elementos: nome, slogan e ícone.

Assim como em relação à criação de slogans, um símbolo gráfico é algo que deve ser desenvolvido por profissionais. Se decidir contratar um, alguns pontos a considerar na elaboração de sua logomarca são: cores, tipologia e tamanho. Em relação às cores, existem cinco principais, com algumas variações, e três neutras. Você deverá utilizar uma combinação de duas delas. As principais são: vermelho, laranja, amarelo, verde e azul. As neutras são: preto, branco e cinza. As cores no espectro do vermelho se focalizam logo atrás da retina e tendem a se mover na direção de quem está olhando, sendo que a cor laranja é a que mais chama a atenção. Essa é a razão pela qual o vermelho e seus tons são as cores da energia e do excitamento. Na outra extremidade, o azul é a cor da tranquilidade e do relaxamento. Em termos de marketing, vermelho significa volatilidade e pulsação, enquanto azul significa estabilidade. Você acha que a cor da Coca-Cola é vermelha e a da IBM azul por acaso? Segundo o consagrado livro *As 22 Leis Imutáveis do Marketing*, de Al e Laura Ries, as cores tendem a criar sentimentos, de acordo com a seguinte relação: branco remete à pureza; preto à luxúria; amarelo inspira cuidado; azul traduz liderança e violeta, nobreza; verde remete à natureza e vermelho à atenção. Portanto, ao selecionar cores, leve em conta o sentimento que deseja manifestar.

A embalagem da sua marca

Uma logomarca efetiva diz aos potenciais clientes praticamente tudo o que precisam saber a seu respeito: seu nome, o que faz, seu estilo e como cria valor. Ela deve ser utilizada em toda parte, em cada peça de marketing, do cartão ao seu folder. Um bom exemplo do peso que pode ter na comunicação de uma marca pessoal é o da estilista Donna Karan. Ao desenvolver a logo "DKNY", mais que uma marca gráfica interessante, associou seu nome definitivamente à cidade de Nova York, uma das mecas da moda.

No que se refere à tipologia, há uma infinidade de opções, mas basicamente se dividem em dois tipos, os com e os sem serifa. O critério da sua escolha deve se basear principalmente na questão da legibilidade. De uma maneira geral, atenha-se a tipologias comprovadas, tais como Arial, Futura, Times ou Garamond. As serifadas tendem a se identificar mais com negócios tradicionais, enquanto as sem serifa se aplicam aos modernos e criativos. Na maioria dos casos, as empresas selecionam um tipo para compor o nome corporativo e outro para o slogan.

Finalmente, a questão do tamanho. Isso vai depender da mídia onde será aplicado, variando desde um tamanho mínimo para cartões até um máximo para um anúncio ou outdoor. O teste definitivo para saber se é legível consiste em reduzi-la e ver se ela se sustenta na impressão de um cartão, por exemplo. Essa é a razão pela qual devem ser evitados grafismos muito complexos, que geralmente ficam inelegíveis quando reduzidos a esses padrões. No final das contas, deve prevalecer mesmo o bom senso.

Sua logo deve estar presente em todas as peças e ações de marketing — folder, papelaria, website, anúncios de mídia impressa, busdoors, camisetas, brindes, apresentações em PowerPoint, etc. —, sempre com as mesmas cores e a mesma tipologia, porque o que conta aqui é a consistência.

A embalagem da sua marca

Mais alguns elementos devem se juntar ao nome, declaração, slogan e logo para compor o kit básico de identidade da sua marca: "elevator pitch", minibio e assinatura.

Os americanos, com seu pragmatismo habitual, cunharam o termo "elevator pitch", que poderia ser traduzido como "abordagem de vendas no elevador", para caracterizar aquela situação em que você esbarra com alguém relevante e dispõe apenas de poucos segundos para sintetizar a sua marca.

Imagine, então, que esbarrou com uma pessoa importante em um elevador, e o tempo para transmitir quem você é e o que propõe é apenas o do percurso entre alguns andares. Você seria capaz de causar impacto com a sua mensagem?

Uma "abordagem de vendas no elevador" deve responder basicamente a quatro perguntas: quem você é, o que faz, como é único e por que alguém deveria estar interessado.

O seu "elevator pitch" deve comunicar muito a seu respeito em poucas palavras. Há alguns pontos a considerar. Não deveria soar como se você estivesse lendo um script. Procure centralizá-lo em torno de certos pontos focais, em vez de memorizar um pequeno monólogo, para não ficar mecânico demais e fazê-lo parecer um robô.

Seu "pitch" não deve soar como venda. Descreva a sua atividade e quem pode se beneficiar dela. Não adote nenhum tipo de jargão. Você não é um produto, mas sim uma pessoa. Ele deve ser customizado para a sua audiência, o que significa flexibilizar conteúdos. Como regra geral, utilize mensagens específicas para pequenos grupos — como um papo em um encontro ocasional em um evento — e mensagens mais genéricas para audiências maiores — por exemplo, na página sobre você no seu blog.

A embalagem da sua marca

Deve ser curto e ir direto ao ponto. Se não é capaz de expressar em 30 segundos quem você é, porque é especial e como pode ajudar, não está sendo claro. Quando começa a fazer longos preâmbulos para introduzir cada frase a seu respeito, gera desconfiança, enquanto frases claras e concisas demonstram confiança naquilo que você faz.

Em relação à minibio, a ideia é criar uma descrição com algo entre 140 e 280 caracteres. Por que 140? Esse é o limite do Twitter. Outras mídias sociais permitem mais espaço, mas é essencial criar uma minibiografia que transmita a sua mensagem sem ser prolixo. De preferência, o comprimento não deve ultrapassar dois parágrafos.

Aqui é o momento de lançar mão da sua declaração para formular a minibio e o seu "pitch". Procure, se possível, escrever na terceira pessoa, desde que soe autêntico, como se alguém o estivesse introduzindo, pois cria mais autoridade e credibilidade.

Eis um exemplo do que eu uso: "Aldo Wandersman é um construtor de marcas especializado em branding pessoal. Criador do conceito "Você 3.0", Aldo Wandersman ajuda indivíduos, empreendedores solo e pequenos negócios a construir, posicionar e monetizar as suas marcas." Se ler com atenção, vai notar que tem um pouco mais de 140 caracteres, mas utilizo variações quando necessário.

No contexto de um site ou blog, a página "Sobre" deveria conter a sua minibiografia. É o local para onde os visitantes e potenciais clientes irão se dirigir em busca de respostas para perguntas do tipo "quem é essa pessoa?", "o que ela faz?", "ela tem alguma coisa a me oferecer?" e "o que há de notável nela?".

A embalagem da sua marca

Como regra geral, uma minibio consistente vai respondê-las em ordem descendente. As pessoas geralmente não irão se conectar com a sua história desde o seu nascimento, a não ser que tenham alguma razão para acreditar que resultará em algo interessante.

O primeiro parágrafo é uma exceção, pois sempre haverá visitantes lendo apenas ele e parando por aí. Quando estiver escrevendo a introdução, use como guia a seguinte pergunta: o que gostaria que as pessoas mais soubessem a meu respeito expresso em um único parágrafo? Se tiver dificuldade para responder, use uma versão adaptada do seu "pitch" na introdução. O restante da bio deveria ser dedicado às duas questões centrais que um eventual prospecto teria: "essa pessoa tem alguma coisa a me oferecer?" e "o que ela tem de notável ou único?".

Memorize a minibio e coloque-a à prova. Crie a sua mensagem e utilize-a como a base para os seus esforços promocionais.

Vários sites de mídia social permitem adicionar um lema, também chamado de *tag line*. Você pode criar uma assinatura própria, que representa os seus valores, ou escolher citações com as quais se identifica. Caso tenha formulado um slogan, esse é o local certo para empregá-lo.

Lembra quando dissemos que a arquitetura da sua marca é formulada com um olho no seu mercado, para não correr o risco de terminar com uma identidade que, embora faça sentido, não se comunica plenamente com a sua audiência?

Pois bem, às vezes a sua assinatura pode conter variáveis, a fim de chamar a atenção para determinada necessidade do seu público-alvo que deseja evidenciar.

113

A embalagem da sua marca

No meu caso, costumo assinar algumas comunicações com a seguinte indagação: "o que você fez pela sua marca hoje?" — uma provocação no bom sentido, onde quero evidenciar o quanto isso deveria ser prioritário e, ao mesmo tempo, o quanto é verdadeiro para a minha marca.

Outra alternativa para formular uma assinatura é lançar mão de citações recolhidas por aí que você julga traduzirem a essência da sua marca. Quando utilizadas da forma adequada, são poderosas, pois transmitem grande carga de significado em apenas uma frase ou duas. Além disso, a pessoa por trás da citação carrega consigo toda sua reputação, gerando uma associação positiva com o seu nome, como se "pegasse emprestado" todas as qualidades e valores associados a ela. Lance mão delas com elegância e certifique-se de que sejam totalmente pertinentes à sua atividade.

CAPÍTULO 6

A promoção da sua marca: Como o mundo pode se conectar e interagir com você

> Uma marca já não é mais aquilo que você diz aos consumidores — é aquilo que os consumidores dizem uns aos outros.
>
> **Scott Cook, Cofundador Intuit**

A sequência lógica que vai orientar os negócios e os relacionamentos daqui em diante está baseada em algumas etapas que, juntas, formam uma maneira coerente de conquistar mercados e parceiros. Baseia-se em construir confiança e empatia no médio prazo e, na verdade, tem sido desde sempre a forma como os negócios são conduzidos. Talvez já tenha ouvido a máxima das máximas no que se refere à construção de uma base de clientes: pessoas fazem negócios com quem conhecem, de quem gostam e em quem confiam. Em nosso mundo hiperconectado, essa máxima é mais verdadeira do que nunca. A maior diferença agora é que esse arco também tem que ser construído online.

A gênese do desenvolvimento da sua marca digital consiste em estabelecer relacionamentos com o seu mercado e audiência. Esse relacionamento segue as mesmas regras que qualquer outro. Quando inicia uma relação com um potencial cliente, você é completamente invisível e desconhecido. Ao longo do tempo, com cuidado e esforço, pode ingressar em um ciclo virtuoso que passa pela construção de quatro

A promoção da sua marca

atributos importantes: visibilidade, credibilidade, autoridade e lucratividade.

A maneira correta de iniciar relacionamentos na arena digital é ajudando as pessoas sem pedir nada em troca. Consiste primeiro em envolver a sua audiência, oferecendo algo atrativo, gratuito e de alto valor percebido em recompensa à disposição para ouvi-lo. Uma das maneiras é oferecer informações ou conselhos gratuitos para clientes potenciais através da sua plataforma online.

Uma coisa, porém, é querer agregar valor e ajudar, e outra é exercer esse papel em bases permanentes. Requer certa atitude — e a mentalidade correta — produzir consistentemente conteúdo e compartilhar gratuitamente com o mundo, principalmente se investiu anos da sua vida construindo o seu conhecimento e a sua expertise. Além do fato de que dar coisas gratuitamente vai contra a lógica do marketing convencional, você jamais fará isso se estiver esperando algo em troca no curto prazo. Ou seja, você provavelmente não conseguirá fazê-lo apenas pelo dinheiro. Você tem que desejar isso genuinamente porque, como integrante de uma nova classe de empreendedores, é inteligente o suficiente para entender que divulgar o seu negócio hoje em dia significa educar e informar — é mais sobre dar do que pedir.

No que se refere a estratégias promocionais, construir a sua marca é, portanto, estar disposto a compartilhar o que você sabe com os outros. Obviamente, o retorno eventualmente virá na forma de vendas para uma tribo comprometida de fãs e clientes. Isso não significa em absoluto abdicar de tentar vender para grandes massas quando houver oportunidade. Apenas que, como alguém que pretende construir as bases de uma marca por trás de um negócio sustentável,

A promoção da sua marca

você é capaz de entender o poder de oferecer alguma coisa de alto valor sem esperar nada em troca.

Por outro lado, muitos profissionais preferem segurar toda a informação para si, com o temor de dar em demasia — coisas que imaginam que poderiam ser vendidas. No entanto, essa é uma abordagem equivocada na atual era social, pois tal atitude resulta na impossibilidade de haver seguidores. Se estiver demasiadamente ancorado em ideias antigas sobre a forma de fazer negócios, talvez se sinta desconfortável em abraçar alguns destes conceitos.

Uma vez estabelecido um contato inicial de valor percebido com os seus potenciais clientes, pode encorajá-los a dar um passo adiante e ingressar em um relacionamento mais amplo, desde que isso seja feito de forma personalizada e do modo mais envolvente possível. Muitas iniciativas costumam bombardear os prospectos assim que obtêm seus e-mails, desperdiçando a oportunidade de estabelecer relações mais vantajosas no médio prazo.

Em seguida, deve oferecer informações ou conselhos de alto valor agregado, implícitos na promessa da sua marca, como agradecimento por lhe dedicar atenção, e propor então, finalmente, uma relação comercial, oferecendo o seu produto ou serviço. Em cada passo, tem que prover uma experiência positiva e um senso de quem você é. Se não for hábil em envolver a sua audiência ao longo desse funil de vendas, os seus esforços iniciais serão rapidamente esquecidos em meio ao intenso fluxo de ofertas online.

Para ter um negócio sustentável, terá que desenvolver relacionamentos de longo prazo com seus clientes. Para isso, terá que investir em algo maior, que contribua significativa-

A promoção da sua marca

mente para a expansão da sua iniciativa, e criar a sua própria comunidade, também chamada de tribo digital.

Estabelecer, facilitar e cultivar uma comunidade vibrante e engajada, essencial no atual mundo hiperconectado, é uma estratégia que traz valor para a marca e vendas ao longo do tempo. E, no final das contas, não é assim que se constroem negócios desde sempre? Edificando uma marca interessante, admirável e confiável, gerando retornos constantes e abdicando do oportunismo imediato em prol de algo sustentável no longo prazo.

Uma tribo digital é composta por fãs, seguidores e clientes que desempenharão funções importantes na sustentabilidade da sua atividade. Deverão apoiar a sua missão, desde que seja algo em que acreditem, e expandir o impacto da sua mensagem ao compartilhar as suas ideias com amigos, familiares e colegas. Gerar um fluxo consistente de referências ao incorporar novas pessoas à tribo e ajudar outros a obterem o mesmo grau de satisfação que tiveram através do seu produto ou serviço.

Uma vez mais, o elemento catalisador para que a sua tribo se torne uma realidade é o grau de autenticidade que vai imprimir à sua marca. Na medida em que se apresente de forma autêntica, compartilhando uma perspectiva única, atrairá possíveis clientes simplesmente pela virtude de se mostrar distinto e real.

Aqui você tem a oportunidade de realmente inverter as regras do jogo a seu favor. Quando analisamos a questão da seleção de um nicho e de um único atributo principal, evidenciamos que não se deve cometer o equívoco de tentar ser tudo para todos. Já na criação de uma tribo digital, a ideia é ser tudo

A promoção da sua marca

para alguém. Ou seja, construir a sua tribo significa iniciar um movimento centralizado em torno da sua marca, a fim de criar um espaço virtual para agregar pessoas interessadas que percebem valor no que você tem a oferecer.

Note, portanto, que a promoção segue um caminho completamente diferente em termos de comunicação. Seu propósito aqui não é atingir as massas. Ao contrário, você está estabelecendo uma conversa permanente com uma audiência selecionada. Movimentos similares podem ser encontrados no contexto das grandes marcas que foram capazes de difundir uma cultura em torno de seus produtos, como é o caso da lendária fabricante de motocicletas Harley Davidson. Mais que uma tribo, ela construiu um verdadeiro grupo de evangelistas, dispostos até a tatuar a logo na própria pele.

Ainda que possa ter uma vaga ideia do que uma tribo digital será capaz de fazer pelo seu negócio, ficará surpreso com os benefícios que poderão advir na medida em que consolida um espírito comunitário nas pessoas do seu nicho de atuação.

Pense no verdadeiro fanatismo que a Apple gerou em torno dos seus produtos e perceba que estratégias similares poderão transformar a sua tribo em uma extensão da sua força de vendas. Seus integrantes deverão se converter em clientes de longo prazo, comprando reiteradamente os seus produtos ou contratando os seus serviços na medida em que se sintam satisfeitos, além de propagar a sua mensagem através do boca a boca para outros. Poucas coisas são tão eficazes quanto uma referência feita por um amigo, principalmente quando se leva em conta que, no contexto do universo digital, uma sugestão está apenas a um clique ou, no caso das redes sociais, como o Facebook, por exemplo, a um "curtir" de distância.

A promoção da sua marca

Outra perspectiva interessante para o seu negócio que uma tribo digital incorporará é uma visão de longo prazo, na medida em que seja capaz de fidelizar a sua comunidade, entregando sistematicamente conteúdos de alto valor agregado.

Para entender o processo de criação de uma tribo digital, vamos voltar ao ponto de partida, quando definimos os seus valores. Criar a sua tribo começa exatamente pelas coisas nas quais acredita como empreendedor e como pessoa. A pergunta-chave aqui, que deverá nortear toda a estratégia de criação de uma comunidade virtual, é a seguinte: no final das contas, qual a sua ou a missão do seu negócio? Outros questionamentos que podem ajudá-lo: o que realmente importa para você? Que diferença almeja fazer na vida das pessoas? O que espera deixar como legado? Seja qual for a sua missão, ou a do seu negócio, esteja alinhado com ela, pois a partir daí serão lançadas as bases sobre as quais estabelecerá e ampliará a sua tribo.

Em última instância, o que vai determinar o sucesso da sua iniciativa não é tanto o tamanho, mas sim o nível de entusiasmo da comunidade de fãs, seguidores, embaixadores, amigos, aliados, apoiadores e parceiros. Essas serão as pessoas dispostas a compartilhar o seu conteúdo com suas redes de relacionamento, o ajudando nos seus esforços promocionais com um vigor que dinheiro nenhum seria capaz de comprar. São eles que amplificarão suas opiniões e ideias através de suas interações, tornando você e sua marca parte integral de sua visão de mundo. Irão se referir a você em termos edificantes para quem quiser ouvir, incluindo recomendações sobre seus produtos e serviços — algo que o dinheiro não compra. E, por último, são eles que consumirão e, portanto, garantirão sustentabilidade ao seu negócio.

Em resumo, a sua tribo será composta essencialmente de pessoas que o conhecem, gostam e confiam em você.

A promoção da sua marca

Construindo a plataforma da sua marca

Agora chegou o momento de dar vida à sua marca. Isso será feito combinando os elementos que elaboramos até aqui com os canais de mídia disponíveis, que, juntos, formarão uma plataforma de marca.

Se desejar atrair reconhecimento para a sua marca e ampliar o seu raio de influência para além da rede de amigos, familiares e colegas, precisará de uma plataforma robusta a partir da qual será notado e poderá amplificar a sua mensagem, divulgar ideias, expressar opiniões, despertar interesse da mídia, atrair oportunidades de negócio e, claro, gerar vendas. A chave é alavancar a plataforma de marca para aumentar e intensificar a conexão com aqueles que mais importam para o sucesso do seu empreendimento, causa ou atividade.

Séculos atrás, uma plataforma consistia apenas de um caixote em uma praça pública e de um megafone. Era assim que as pessoas se faziam notar, expressavam ideias e eram ouvidas. Depois veio a era das mídias massivas, como o rádio, a TV, as revistas e os jornais. Porém, para ser notado, tinha-se que protagonizar um fato relevante ou se transformar em uma celebridade.

Hoje, com o advento da internet e das redes sociais, qualquer um é capaz de construir uma plataforma. Você pode produzir o seu próprio programa de rádio online, chamado de podcast, ter a sua coluna semanal em uma revista online, chamada de blog, e até mesmo comandar o seu programa de TV online, através do seu próprio canal no YouTube, construindo uma audiência de milhares e até mesmo milhões de pessoas ao redor do mundo, a partir do conforto da sua sala.

A promoção da sua marca

Uma plataforma no sentido que vamos tratar aqui é a combinação e a integração da presença de uma pessoa e de sua marca através da web junto com suas extensões nas redes sociais. A resultante dessa presença é a consolidação de uma audiência.

O objetivo de construir uma plataforma é criar informação útil, selecionar a melhor mídia para veiculá-la e, em seguida, escolher tecnologias para distribuí-la, estimular interações e se mover na direção de determinados objetivos de negócio.

Para entender o significado de uma plataforma online, vamos utilizar o espaço urbano como metáfora. No centro, deve estar um território sob o qual você tenha o máximo de controle possível, a central da sua marca ou a sede virtual da sua iniciativa. Como se trata de um espaço sob o qual tem que ter total controle, o seu território terá que assumir o formato de um blog ou site. Seria um grave equívoco eleger como território central um perfil em uma rede social, uma vez que as regras podem ser mudadas a qualquer momento e não há como ter controle absoluto sobre nenhuma delas. No final das contas, você é dono do seu blog, mas não da sua página no Facebook.

Além do território, a sua plataforma também vai contar com locais para trocas e interações que batizamos de "embaixadas" e "praças". Embaixadas são locais onde a interação com o mercado tem um caráter profissional, a exemplo de redes tais como o Linkedin — a maior network profissional do planeta. Já as praças são lugares onde a interação com a comunidade tem um cunho mais social, tal como o seu perfil no Twitter. Há locais que, por sua flexibilidade, operam das duas formas, embaixada e praça, como o Facebook, por exemplo, onde se pode dispor tanto de um perfil, com uma finalidade pessoal, quanto de uma página ou fan page, com uma abordagem mais empresarial.

A promoção da sua marca

Construir uma plataforma não é uma corrida, mas uma maratona. Isso significa esforço consistente ao longo do tempo — criando os fundamentos e se comprometendo com a construção permanente da sua presença online. O acúmulo de pequenas coisas é que vai atrair a atenção e a lealdade da sua audiência, resultando em algo poderoso e significativo.

Estamos sobrecarregados de opções de mídia e, diante dessa realidade, terá que tomar uma decisão importante para o seu futuro e o da sua marca: se pretende permanecer como um consumidor passivo de mídia digital ou vai contribuir ativamente, criando e publicando conteúdo próprio.

Conteúdo é um ingrediente vital no marketing formulado através das redes sociais — aliás, um elemento crítico para o marketing atual em geral — porque fornece aos seguidores o que compartilhar, fazendo a sua marca ser notada e agregando valor à sua credibilidade pessoal.

De forma simplista e direta, marketing de conteúdo é o uso de informação original e relevante para atrair pessoas para a órbita da sua marca. Uma vez interessadas na sua mensagem, eventualmente irão retornar, compartilhar seu conteúdo e comprar de você.

Ao criar conteúdos, tenha em mente que devem ser menos a seu respeito e mais sobre a sua audiência. Não significa que não possa falar sobre si mesmo, mas tudo depende, no final das contas, do contexto. A fim de ecoar no público, deve ser relevante para e de interesse dele, agregando valor às suas vidas. Produza conteúdo que solucione problemas, inicie debates ou faça as pessoas refletirem, em suma, informação com credibilidade e sem viés comercial.

> A promoção da sua marca

Abraçar e utilizar efetivamente os canais de mídia digital será um fator decisivo para determinar o quão influente a sua marca será no universo online. Se deseja atrair consumidores leais e fazer o seu negócio crescer, você tem que ser encontrado. Assim como pretende construir uma reputação e tornar-se alguém que os outros buscam quando necessitam de conselhos, direção e colaboração, tem que ter visibilidade. Ou seja, ao atrair e manter a atenção da sua audiência, você tem que estabelecer uma identidade e construir a reputação como alguém com conhecimento especializado e uma contribuição genuína a fazer. O objetivo final é fixar a sua autoridade no seu campo ou mercado através de uma contribuição de valor, a fim de ser reconhecido e respeitado por ela.

Criando a sua identidade online

O primeiro passo no processo de construção da sua plataforma é compilar todo o conteúdo que deseja apresentar ao mundo. Se leu atentamente os primeiros capítulos, a esta altura já deve ter elementos necessários para montar toda a sua estratégia de marca digital.

A primeira providência é nomear o seu território, ou seja, a forma como pretende se apoderar da sua área, ou do seu sítio, na internet. Isso será feito através do registro de um domínio.

Domínios são endereços na web onde qualquer um pode ser localizado. São identificados por um termo precedido pelos famosos "www", iniciais de "world wide web", nome com que a internet foi batizada. Em uma comparação com o ambiente urbano, o domínio seria o seu endereço físico, a rua e o número onde você mora.

Se ainda não o fez, e caso ainda estejam disponíveis, trate de adquirir os domínios ".com" e ".com.br" para o seu nome.

A promoção da sua marca

É recomendável comprá-los no seguinte formato: www.nomesobrenome.com.br ou .com. Pessoalmente, prefiro e recomendo domínios ".com", pois sugerem marcas com vocação mais global.

Caso não estejam disponíveis, ou para qualquer outro domínio, siga a seguinte regra. Opte sempre, em primeiro lugar, por domínios ".com" ou ".com.br", que tendem a ser mais bem ranqueados pelos mecanismos de busca. Se ambos não estiverem disponíveis, domínios do tipo ".org" e ".net" também funcionam. Esqueça todos os outros.

Para registrar um domínio do tipo ".com.br", você deve acessar o registro geral de domínios no Brasil no endereço http://www.registro.br, enquanto que domínios do tipo ".com", ".net" ou ".org" devem ser registrados em sites internacionais como o http://www.register.com.

Na hora de registrar um domínio para o seu blog, leve em conta as palavras-chave pelas quais deseja ser encontrado nos mecanismos de busca. Procure selecionar um domínio o mais específico possível, um termo do tipo "cauda longa", focado no nicho em que pretende posicionar a sua marca.

Vamos exemplificar com um profissional que atua no ramo de fotografia. Ao registrar um domínio, as escolhas óbvias seriam domínios como "fotografia.com" ou "fotografoprofissional.com.br". Além do fato de que esses domínios provavelmente já estarão tomados, são genéricos demais e, portanto, têm muita concorrência.

Ao invés disso, se optar por um domínio de nicho, aumentará as chances de obter um ranking mais elevado para o seu blog. Reveja os termos que identificou quando filtrou o principal atributo da sua marca ou elegeu o seu principal diferencial, e veja de que forma poderiam ser formatados como domínios.

Domínios que contêm os termos exatos procurados pelos usuários tendem a ranquear bem nos mecanismos de busca. Portanto, no exemplo do fotógrafo, ele poderia optar por um domínio como "fotografiadigital.com" ou "fotografoparapublicidade.com.br", ampliando as chances de ser encontrado por quem esteja necessitando de serviços específicos.

Para saber quais palavras são as mais buscadas no seu mercado, utilize o Google Keyword Planner, a ferramenta gratuita do Google para pesquisa de palavras-chave.

Reveja a sua declaração e identifique em quais nichos deseja focar o seu conteúdo. Como regra geral, tente selecionar de três a cinco palavras-chave principais na sua área de especialização, do tipo "cauda longa", e só amplie esse número uma vez que tenha obtido um bom ranking para elas nos mecanismos de busca e, ainda mais importante, reconhecimento. Evite selecionar muitas palavras-chave, pois correrá o risco de diluir o seu esforço a partir do momento em que começar a promover a sua marca.

Deixe-me dar um exemplo. Se fosse um web designer, você poderia começar pelo direcionamento de conteúdo em torno de "web design para sites de consultoria" ou para "bandas e músicos". Uma vez que obtenha um bom ranking para essas áreas específicas, pode gerar mais conteúdo ou escolher palavras-chave mais amplas, como "web design para pequenas empresas", por exemplo.

Quando comecei, o nicho de atuação que elegi foi exatamente o branding pessoal. Construí toda a minha plataforma em torno de palavras-chave relacionadas a esse tema. Se você fizer uma busca no Google hoje por essas palavras, branding pessoal, juntas, posso lhe assegurar que o meu nome estará no primeiro ou pelo menos entre os três primeiros resultados.

Depois de criar o domínio, considere como o seu endereço de e-mail será disponibilizado.

Você precisa parecer profissional, e as melhores escolhas para um endereço de e-mail empresarial são "nome.sobrenome@suamarca.com", "nome@nomesobrenome.com" ou "contato@nomesobrenome.com". Compare isso com algo do tipo "pedro82@email.com" — e não resta dúvida de que, comparado aos anteriores, não há muito profissionalismo neste formato.

Como ganhar visibilidade para a sua marca digital

A sua identidade lhe provê autenticidade, enquanto a sua tribo lhe confere autoridade. Já para ganhar visibilidade para a sua marca, você terá que dar vida e formatar o conteúdo a ser indexado pelos mecanismos de busca. Em primeiro lugar, terá que criar uma mensagem consistente a respeito da sua marca pessoal. Não existe fórmula mágica nem atalho. Relevância, no caso do Google, vem através de consistência e constância.

Em segundo lugar, deve assegurar a propriedade dos domínios que mais interessam a você e à sua marca. Além daqueles do tipo ".com" ou ".com.br", você também deve se apropriar deles nas redes sociais. Lembre-se que a mídia social é gratuita e, portanto, o quanto antes fizer isso, melhor.

A promoção da sua marca

E, por último, deve estabelecer o maior número de relacionamentos possível com parceiros no seu campo de atuação, a fim de que apontem links para o seu site. Esse processo requer esforço e consistência, e nunca cessa. Esteja consciente de que o número de links que obtêm deve crescer de forma natural. Caso contrário, poderá ser mal interpretado pelos mecanismos de busca.

Estima-se que, atualmente, o Google tenha algo próximo de 3 bilhões de páginas indexadas, uma quantidade absurda de informação e, se existe alguma certeza, é a de que esse número só vai crescer.

Nesse contexto, no que se refere à construção da sua marca, o seu principal objetivo é posicionar o melhor material e informações relevantes a seu respeito, além de boas imagens, nas primeiras páginas dos buscadores.

Para isso, a fim de melhorar o seu posicionamento, terá que entender um pouco mais sobre a maneira de influenciar o resultado das páginas de busca.

Otimizar a sua posição nos mecanismos de busca não é algo novo e, como alguns dos seus potenciais concorrentes provavelmente devem estar lançando mão dessa técnica, se não fizer o mesmo, você ficará em desvantagem. Esse processo é chamado de SEO (Search Engine Optimization), ou Otimização dos Mecanismos de Busca na tradução para o português, e as empresas têm utilizado esse recurso desde os primórdios da internet.

Esses mecanismos, como o Google, funcionam através de fórmulas matemáticas altamente precisas, chamadas de algoritmos, capazes de calcular a pertinência de uma página

A promoção da sua marca

na web. Os algoritmos calculam a maior relevância possível entre as palavras buscadas e as páginas correspondentes, exibindo os resultados sob a forma de um ranking em ordem de importância.

Embora ninguém seja capaz de saber exatamente a fórmula como operam as buscas — além de ser mantida em segredo, é alterada periodicamente a fim de proteger a integridade dos resultados —, não levou muito tempo até os especialistas começarem a decifrar componentes básicos da fórmula.

Alguns fatores vão determinar como o seu conteúdo e as suas páginas serão ranqueadas pelo Google ou qualquer outro mecanismo de busca. O primeiro é a idade, ou seja, quanto mais antigo um domínio, melhor o seu ranking. Em seguida, incluem-se os chamados fatores *onsite*, ou seja, ter palavras--chave no domínio do seu website, nas chamadas *tags* e no conteúdo do seu site vai impulsionar o seu posicionamento ranking acima. E, por último, mas muito importante, ter outros sites relevantes linkados, ou seja, com um link apontando para o seu. Quanto mais sites com autoridade no seu nicho de atuação apontando para o seu, melhor o seu ranking.

Há vários outros fatores que afetam o ranking, mas a intenção aqui não é a de se aprofundar demais em um tópico tão técnico e específico, pois, a exemplo do que muita gente faz, você poderá subcontratar um especialista em SEO para ajudá-lo quando julgar necessário. Independentemente de como lidará com essa questão, uma coisa é importante ressaltar no universo digital. Quanto mais cedo estabelecer as bases da sua marca pessoal online e começar a otimizar o seu blog ou site, melhor ranqueará nas páginas de resultados dos mecanismos de busca.

A promoção da sua marca

Basicamente, você deve definir o nome do seu domínio e as palavras-chave pelas quais deseja ser reconhecido e encontrado. Tenha em mente que nomes e palavras relevantes têm um alto valor estratégico na web, e a competição pelas mais buscadas e lucrativas é simplesmente frenética. Empresas aumentam diariamente os seus lances, em um leilão infindável, cujos maiores beneficiários obviamente são os buscadores que veem suas receitas crescerem na medida em que as apostas aumentam. A batalha por termos com forte apelo mercadológico, como "cartão de crédito" ou "dieta", por exemplo, envolve cifras astronômicas diariamente. Se estivesse em um negócio relacionado a esses termos, teria que desembolsar uma enorme soma de dinheiro para conquistar um lugar ao sol nos resultados de busca.

Mas nem sempre foi assim. Houve um tempo, nos primórdios do Google, em que havia pouca competição mesmo por palavras muito buscadas. Por essa razão, os pioneiros, empresas e indivíduos que começaram a construir as suas marcas online nos primórdios da web, hoje desfrutam de uma posição de liderança difícil de ser abalada.

Em um futuro próximo, isso também será válido para marcas pessoais. Hoje, um número ainda relativamente pequeno de indivíduos está consciente da importância de otimizar o seu nome. No entanto, esse número tende a crescer de forma exponencial, na medida em que mais empreendedores e profissionais se dão conta da importância de construir a sua própria marca.

Antes de prosseguirmos, trate de assegurar a partir de agora os domínios para o seu nome e os termos que considera mais relevantes para a sua marca, enquanto começa a sua estratégia para obter visibilidade nos mecanismos de busca.

A promoção da sua marca

Seu blog como o centro da sua plataforma de marca

O próximo passo da sua plataforma de branding pessoal é configurar um blog no seu próprio nome de domínio.

Um blog é uma das formas mais efetivas de traduzir o que a sua marca propõe. Os tópicos abordados, e a forma como os apresenta, dá aos leitores uma visão personalizada da cultura do seu negócio. Também lança luz sobre os valores e as crenças da sua organização ao focar naquilo que é a sua missão, na forma como lida com os tópicos que afetam os seus clientes e em quanta transparência há na sua iniciativa, na medida em que revela o que se passa por trás da sua logo.

Além dos óbvios benefícios para a sua marca, manter um blog traz outras vantagens menos óbvias, tais como a possibilidade de ampliar a sua relação de palavras-chave a cada nova postagem, aumentando a chance de obter melhores rankings nos mecanismos de busca.

A ideia é acrescentar conteúdos regularmente na forma de postagens. Estas podem ser curtas ou longas, embora seja consenso atualmente que os primeiros são mais efetivos. Essas postagens vão sendo acumuladas no arquivo do seu blog em ordem cronológica, com a mais recente sendo sempre agregada no topo da pilha.

Lembre-se que o objetivo de reunir, criar e publicar conteúdo através das suas postagens não é tentar vender nada para ninguém, mas simplesmente ajudar as pessoas a aprender mais a respeito dos tópicos nos quais estão interessadas. O feedback, por ser genuinamente prestativo, vai sedimentar

A promoção da sua marca

o caminho ao longo do tempo e construir relacionamentos com seus prospectos de tal forma que, ao necessitarem de algo no seu segmento, existe uma grande possibilidade de elegê-lo como a primeira opção.

Além dos intangíveis para a sua marca, há também uma série de benefícios tangíveis que poderá trazer para a sua iniciativa.

Em primeiro lugar, os blogs possuem as características mais atraentes para os mecanismos de busca, em função de sua própria dinâmica de geração de conteúdos novos e originais de tempos em tempos. Ao otimizar as postagens utilizando palavras-chave relacionadas à sua atividade, amplia naturalmente a possibilidade de ser encontrado nas buscas online.

Além disso, quanto mais postagens publicadas, mais páginas indexadas para serem disponibilizadas pelos buscadores, atraindo tráfego orgânico e ampliando o reconhecimento da sua marca.

Também permite ampliar a sua lista de e-mails de potenciais clientes como nenhum site ou página de captura. O percentual de pessoas que irá se cadastrar para se manter em contato com o seu negócio através do seu blog será infinitamente maior que através de qualquer outro canal da sua plataforma.

Na medida em que começa a focar em tópicos relevantes para a sua indústria, o seu blog torna-se um recurso para onde o tráfego flui naturalmente e um ativo que o posiciona como líder no seu campo de atuação. Utilize-o como um canal de mídia para demonstrar a sua expertise e, na medida em que compartilhar informações valiosas, pouco a pouco irá se destacar da concorrência, posicionando a sua marca pessoal como uma referência definitiva no seu segmento.

A promoção da sua marca

Existem muitas ferramentas para desenvolver blogs, como Blogger.com, TypePad.com e Tumblr.com. Embora todas reúnam uma série de funcionalidades básicas e permitam domínios personalizados, a maioria tem um ponto fraco em comum: o código para essas plataformas reside em seus respectivos servidores. Ou seja, embora publicado sobre um domínio criado por você, o conteúdo não é inteiramente de sua propriedade.

Além de inúmeras outras vantagens, essa é uma das principais razões pelas quais deveria optar por hospedar o seu blog na plataforma WordPress, uma vez que ele passa a ser de sua propriedade, ou seja, o código e o conteúdo residem em seus servidores.

Nunca é demais lembrar que você está lançando as bases da sua marca e, portanto, está no processo de construir *brand equity*, ou seja, valor para ela. Algo que, com o tempo, tende a se tornar um recurso valioso. Como tal, é preferível que tanto o conteúdo quanto o código sejam de sua propriedade.

Considerada a plataforma mais confiável do planeta, com cerca de 25 milhões de blogs criados, o WordPress na verdade é um fantástico sistema de gestão de conteúdo, com um gerenciamento em um formato extremamente amigável. Além disso, por se tratar de uma plataforma muito popularizada, a maioria dos sites de mídia social disponibiliza ferramentas especiais que vinculam seus serviços a ela. Isso significa integrar todos os seus perfis de redes sociais com o seu blog. Tem ainda a vantagem de ser uma plataforma aberta, permitindo mudar conforme o cenário, acessando melhorias constantes, upgrades e novos plug-ins que poderão ser baixados gratuitamente.

Uma vez que já tenha escolhido e registrado um domínio para o seu blog, você deve selecionar um provedor, ou seja, um serviço de hospedagem. Se retomarmos a ideia de que o seu domínio é o seu endereço (o nome da rua e o número onde você pode ser localizado), o provedor de hospedagem é o serviço que vai prover as coisas básicas que você necessita para tornar o seu espaço habitável e funcional. Se fosse a sua casa, isso poderia significar desde uma geladeira até uma linha de telefone. No caso de um provedor de hospedagem, significa espaço físico para armazenar os seus dados e conteúdos, além de conexão com outros endereços, entre outras funcionalidades. Faça uma busca rápida no Google e contrate o serviço focando em uma boa relação custo-benefício. Uma vez que esteja com o seu domínio personalizado hospedado, você poderá escolher um tema para customizá-lo. Vá até o endereço http://www.wordpress.org e selecione o que lhe parecer mais atraente visualmente e com as funcionalidades que identifica como essenciais. Não se preocupe demais com essa escolha, pois poderá eleger outro tema e alterar a aparência a qualquer momento, sempre que desejar.

Após ter configurado o seu blog na plataforma Word-Press, você deve estabelecer o seu calendário editorial, ou seja, a frequência com que pretende publicar postagens. Não importa tanto a frequência, desde que seja consistente. Uma boa média para começar seria um novo post por semana. A fim de incorporar essa atividade à sua rotina, procure publicar sempre no mesmo dia da semana, pois isso o ajudará a ganhar ritmo.

Uma boa forma de planejar o seu calendário editorial com antecedência é listando os primeiros 15 a 20 tópicos e títulos que pretende publicar. Para facilitar essa etapa, pense no seu nicho de atuação e tente dividir o seu tópico principal em cinco subcategorias. Agora, dentre elas, pense sobre quais tópicos gostaria de escrever. A regra de ouro ao selecionar conteúdo é ser relevante para a sua audiência. O equívoco que muitos cometem é focar em si mesmos, em vez de postar tópicos do interesse do leitor. É perfeitamente legítimo mixar postagens que destilem um pouco da sua história pessoal, na medida em que contribua para conferir maior autenticidade à sua marca. No entanto, lembre-se que o objetivo prioritário do seu blog é o de funcionar como um canal destinado a servir aos seus leitores, buscando estreitar cada vez mais o relacionamento com a sua audiência.

Após ter criado o seu blog, seu próximo passo é estabelecer a sua presença na mídia social.

Mídia social: Ampliando a sua influência

As redes sociais representam uma revolução na democratização da mídia. Há pouco mais de uma década, as únicas iniciativas que dispunham de ferramentas para se comunicar instantaneamente com audiências de milhões de pessoas eram os grandes conglomerados de comunicação e os governos. Outras empresas podiam comprar acesso a essas mídias através de publicidade, mas o custo para atingir largas audiências era altíssimo.

O advento das mídias sociais trouxe todos para o mesmo patamar. Alguém com um blog, uma página no Facebook ou um canal no YouTube pode atingir e influenciar milhares e até milhões de pessoas. No entanto, isso obviamente não é fácil. Construir uma audiência requer tempo e esforço, principalmente aquela que irá segui-lo, escutar o que você tem a dizer e eventualmente adquirir seus produtos e serviços.

Assim como nas comunidades presenciais, confiança é o que mais importa nas tribos virtuais. A meta ao se envolver

A promoção da sua marca

nas redes sociais é construir relacionamentos de respeito e confiança. A sua audiência deve querer escutar mais de você. Na verdade, ainda que as mídias sociais sejam compostas por novas ferramentas de interação, a regra básica do motivo pelo qual funcionam é antiga. Diz respeito a estar presente, ser real, se comunicar efetivamente, servir aos outros e se sentir parte de alguma coisa maior.

Os pequenos conteúdos compartilhados nos canais de mídia social devem adicionar mais que a soma das partes. A ideia é criar uma narrativa na qual as pessoas possam entrar e sair em diferentes pontos ao longo do tempo e a partir de diferentes contextos. Ao compartilhar conteúdos, na verdade está construindo relacionamentos, e uma parte essencial de qualquer relação é contar com aquela pessoa — saber que ela estará lá quando necessário. Ou seja, estar presente quase sempre significa mais ouvir do que falar.

Não pense sobre as mídias sociais apenas como conteúdo, um agregado contínuo de mensagens adicionadas uma após a outra. Como na vida, você está construindo uma história ao ritmo de uma interação de cada vez. Assim, pode focar em criar experiências criativas, na emoção das pessoas, e em articular momentos e conexões inesperadas. Existe uma interação entre sua marca e sua audiência que vai muito além da soma das partes. Pense em como se sente quando escuta a sua música favorita, lê um trecho inspirador do seu livro predileto ou vê uma arquitetura que arrebata a sua visão. Ocorre algo maior que apenas as notas sendo tocadas, as palavras na página ou a estrutura metálica sustentando blocos de concreto. Redes sociais são prioritariamente destinadas a relacionamentos e devem ser vistas como vias de mão dupla. Enquanto marca, você não deveria se fazer presente apenas para promover um produto. A sua presença ali é para se comunicar e se relacionar. Se abordar as redes sociais tendo

A promoção da sua marca

a venda como objetivo final, a audiência vai perceber a sua intenção e o mais provável é que seja ignorado.

Por outro lado, se oferecer algo de valor e a mensagem for genuína, os seus seguidores estarão inclinados a ouvi-lo. Oferendo conteúdo relevante, informação valiosa e incentivos, estará no caminho certo para construir relacionamentos de longo prazo, e seus seguidores se tornarão, com o tempo, embaixadores da sua marca.

A partir daí, enquanto mantiver a mensagem consistente e autêntica, os clientes deverão se manter fiéis à sua marca e expressarão essa lealdade gerando um boca a boca positivo a seu respeito. Esse é o verdadeiro retorno da mídia social.

Uma coisa sobre a qual refletir é quanto a selecionar os canais que deseja utilizar e o que pretende compartilhar baseado na percepção que almeja criar com a sua marca online.

Nas próximas páginas, vamos falar sobre metas ao usar as redes sociais e prover mais contexto sobre como cada uma funciona. Não existe resposta certa ou errada quando se trata de selecionar em quais deveria estar. Tem muito a ver com as suas metas, preferências e de quanto tempo dispõe para isso. As preferências da sua audiência também têm que ser levadas em conta. Uma coisa é certa: se deseja consolidar a sua marca pessoal, terá que ser ativo nas redes sociais. Isso significa se colocar de maneira acessível e útil, não se limitando a transmitir mensagens promocionais o tempo todo, mas sim compartilhando coisas relevantes, promovendo outras pessoas e dando crédito aos seus seguidores e a todos aqueles que vierem a se envolver com a sua marca.

Uma das coisas mais poderosas que as redes sociais são capazes de prover é uma conexão estreita com uma comunida-

A promoção da sua marca

de. Cada vez mais percebemos que podemos ter um fantástico senso de sucesso com nossas iniciativas nos sentindo verdadeiramente conectados a uma tribo através da mídia social.

Daí surge uma pergunta básica: como se sentiria se tivesse mil fãs? Cunhada pelo fundador da revista *Wired*, Kevin Kelly, ela se transformou em um paradigma do mundo digital ao pontuar duas questões importantes: em primeiro lugar, qualquer iniciativa pode se tornar financeiramente sustentável se tiver mil pessoas que verdadeiramente desejam o que ela tem a oferecer. Em segundo, para se sentir legitimado e bem-sucedido, você não precisa de milhões de fãs. Na realidade, se algumas dúzias, centenas ou milhares de pessoas perceberem valor na sua marca, o resultado é mais ou menos o mesmo: você é bem-sucedido no coração dos outros, assim como no seu.

O que você daria para acordar todos os dias sabendo que as pessoas adoram a sua marca? Essa meta pode estar mais próxima do que você imagina. E a mídia social pode ser o seu atalho, não exatamente como muitos pensam — porque lhe permitiria se "viralizar" —, mas provendo formas de se conectar com as pessoas certas, aquelas com maior probabilidade de se identificarem com a sua marca. O maravilhoso efeito colateral é que você estará sempre encontrando o sucesso, não apenas porque alguém comprou o seu produto ou contratou o seu serviço, mas por fazer parte autenticamente de uma comunidade na qual eles também estão inseridos. Você construiu relações de confiança e tornou-se capaz de se comunicar com eles de uma forma íntegra. O seu sucesso é medido não só pelos números que alavancou em vendas, mas também pelas vidas que tocou e pelas experiências memoráveis que proporcionou. Nesse sentido, o seu próprio senso de conquista será determinado por o quão bem está conectado com a sua audiência através desses canais.

A promoção da sua marca

Existe uma infinidade de redes sociais à disposição para articular a sua marca digital. Aqui vamos focar nas mais populares, nas que incluem uma variedade de formatos, como vídeos, textos, imagens, etc., e que têm maior potencial para envolver audiências.

Nas próximas páginas, o que não abordaremos a respeito das redes sociais são aspectos básicos, tais como informações que deveriam ser óbvias e que elas próprias se encarregam de divulgar ou podem ser encontradas facilmente através de uma pesquisa rápida no Google. Vamos definir aspectos essenciais e a partir daí focaremos em tópicos estratégicos, tais como entender o valor de cada uma, as formas de alavancar a sua marca e lhe prover o contexto sobre como envolver a sua audiência, além de evitar erros comuns.

Embora tenha listado uma série de ferramentas que formam o escopo do que poderíamos chamar de mídia social, não se prenda demais ao aspecto tecnológico delas. Em outras palavras, não se preocupe com qual ferramenta usar simplesmente porque ela é legal e todos estão utilizando. Ao invés disso, foque naquilo que poderia conquistar ao alavancar criativamente o poder dessas ferramentas e plataformas — como fazer com que funcionem para você, como podem ajudá-lo a se comunicar, conectar, colaborar e desenvolver relacionamentos mais sólidos com as pessoas que realmente importam para o sucesso da sua marca.

Na construção da sua plataforma, você vai utilizar as redes sociais por vários motivos, incluindo distribuir o seu próprio conteúdo em diferentes formatos — postagens do seu blog, áudio e vídeo; compartilhar links para artigos, postagens e vídeos interessantes, informativos e inspiradores; se conectar com atuais e potenciais seguidores, clientes e pessoas influentes; adicionar valor para a sua comunidade, provendo conselhos, respondendo a dúvidas e promovendo o trabalho de terceiros; revelar diferentes lados da sua personalidade e se envolver em conversas sobre pontos em comum.

Quando utilizadas de forma estratégica e implementadas com autenticidade, as redes sociais podem alavancar a sua marca no universo digital e contribuir definitivamente para o seu sucesso.

Aqui estão as redes essenciais que você deveria dominar e incorporar na sua plataforma.

Twitter

Ter uma conta no Twitter com um grande número de seguidores é uma boa maneira de aumentar o valor da sua marca pessoal. Embora esse microblog só permita 140 caracteres, as mensagens são imediatamente entregues a todos ligados a você. Essas mensagens multimídia podem incluir desde atualizações breves de texto com links para sites até fotos, vídeos ou clipes de áudio.

A primeira coisa é se certificar que a sua conta tenha um nome o mais próximo possível da sua marca. Certifique-se de nomeá-la corretamente, pois, hoje, o seu nome no Twitter é tão importante quanto um domínio. Devido ao número crescente de empresas e personalidades que migram diariamente para essa rede, os nomes estão sendo arrebatados à revelia de seus donos.

Procure manter a sua conta ativa na mente dos seus potenciais seguidores, postando mensagens em intervalos regulares. Você também deve se certificar que tem conteúdo relevante para o seu mercado-alvo. Pessoas seguem contas porque esperam uma contribuição regular e generosa de informação em tempo hábil.

Antes de começar a utilizar ativamente o Twitter, você precisa de uma estratégia. O primeiro passo nesse sentido é preencher o seu perfil completo, que, junto ao seu avatar, é a primeira impressão que causa. Um dos objetivos é conquistar seguidores, e ninguém segue quem não imprime autenticidade a esses quesitos, pois carece de legitimidade.

Dê uma boa olhada em seus outros sites e perfis, e elabore uma minibio alinhada com a sua marca online. Uma vez mais, seja autêntico, pois é como as pessoas vão encontrá-lo e reconhecê-lo agora e no futuro. Não se posicione como um especialista a menos que já seja um. Se for o caso, divulgue a sua marca com base nas suas paixões e no seu conjunto de habilidades.

Depois de ter tudo preenchido, é conveniente focar na aparência da sua conta, a fim de estender a sua imagem de marca e criar uma experiência mais coerente para os seus seguidores. Entre os sites que podem ajudá-lo a desenvolver layouts personalizados estão o Twitpaper e o Twitter Image, entre outros.

De preferência, crie um background alinhado em termos de cor, formato e logotipo ao seu site ou blog. Ao criar o seu background, inclua informações adicionais que não estão no seu perfil, como links para outros sites, contato ou ainda sobre seus produtos e serviços.

Essencialmente, o Twitter é uma forma mais curta e viral de blog, por isso chamado de microblog. Portanto, se aplicam a ele os mesmos princípios. Ou seja, ao escrever e tuitar os seus conhecimentos sobre um tópico específico, você vai

A promoção da sua marca

se tornar conhecido por isso e as pessoas vão gravitar em torno da sua conta e segui-lo.

Quanto mais "tuitar" sobre o tópico pelo qual quer ser conhecido, mais o mercado vai lembrar de você quando precisar da sua expertise.

Tuitar é simples, mas cedo ou tarde, todo mundo acaba esbarrando na mesma questão: o que postar? O Twitter é uma plataforma de relacionamento e diálogo, e ninguém gosta de uma pessoa que só fala sobre si mesma. Por isso, é recomendável seguir a regra 12/1, ou seja, tuite a respeito de outras pessoas e eventos pelo menos 12 vezes a cada vez que postar uma mensagem sobre você ou a sua marca.

Alguns tópicos sobre os quais tuitar para construir a sua marca online:

1. Informações sobre o seu campo de atuação;
2. Minitutoriais ou links sobre como realizar tarefas complexas na sua indústria;
3. Frases motivacionais;
4. Postagens de blog (as suas próprias, bem como de terceiros);
5. Perguntas e enquetes;
6. Eventos;
7. Fatos marcantes da sua iniciativa;
8. Ofertas especiais;
9. Lançamento de produtos;
10. Fatos curiosos;

A promoção da sua marca

11. Testemunhais;

12. Causas que defende;

13. Soluções para os seus clientes;

14. Lições que aprendeu e que podem beneficiar os outros.

Onde quer que encontre conteúdo de qualidade, trate de compartilhar. Não deixe de circular conteúdos relevantes apenas porque talvez não seja você que levará os créditos. Com o tempo, as pessoas acabarão por reconhecê-lo como provedor de algo benéfico, por ter sido capaz de filtrar conteúdos e mostrar às pessoas onde deveriam focar. Procure divulgar tópicos educativos, inspiradores ou curiosos e nunca faça spam de links da sua empresa.

A frequência com que tuitará depende do nicho em que você atua. Iniciativas como, por exemplo, de promoção de eventos, fotógrafos e assessores de imprensa, que têm naturalmente muito conteúdo — fotos, novas estórias, vídeos, etc. — conseguem demandar mais do que outras atividades. Se vende um produto específico, portanto, terá que limitar as suas postagens e ser menos ativo ao compartilhar conteúdo.

Quem você segue é tão importante quanto quem vai segui-lo. Utilize uma ferramenta como o Twitter Search para monitorar o que estão falando sobre a sua indústria, encontrar novas pessoas interessantes, e pesquisar e monitorar a concorrência. Quando estiver selecionando quem gostaria de seguir, tenha cautela para não cair na tentação de escolher apenas as grandes celebridades, com seus milhões de seguidores, e imaginar que fazem tudo da forma correta. Não tente imitá-las quando estiver construindo a sua marca, pois, ao olhar para o fluxo de tweets em suas páginas, notará que quase to-

A promoção da sua marca

dos são sobre elas mesmas. Você não vai tirar nenhuma lição proveitosa para a sua marca e essa definitivamente não é uma estratégia inicial recomendável para a sua plataforma.

Com tanta coisa para gerenciar, seguir pessoas pode parecer uma absoluta perda de tempo, mas não é. As razões para isso incluem, entre outras, a possibilidade de obter feedback dos seus clientes, aprender com líderes na sua indústria, ampliar a sua network e a sua audiência, descobrir conteúdo interessante e compartilhável e, ainda, monitorar concorrentes.

Assim como qualquer outro site ou blog, só porque você o construiu, não significa necessariamente que as pessoas irão visitá-lo. Você deve estabelecer metas e ter um plano de marketing consistente para adquirir novos seguidores. O seu plano pode contar com os seguintes elementos:

- Assinatura de e-mail: você provavelmente já coloca o seu blog ou website e as suas informações de contato na sua assinatura de e-mail, mas deveria acrescentar também a sua conta do Twitter. É uma promoção gratuita, e cada e-mail enviado pode se transformar em um novo seguidor. Certifique--se também de incluir o seu endereço do Twitter no cartão de visita e em todas as suas comunicações;

- Site pessoal/corporativo: se tem um site, então já dispõe de uma plataforma na qual pode promover a sua conta para pessoas interessadas em segui-lo. Inclua o link no cabeçalho ou na lateral;

- Página inicial do blog e mensagens: coloque a sua conta em uma das laterais do blog e promova-a discretamente, de vez em quando, em algumas postagens;

A promoção da sua marca

- Apresentações: se já faz ou pretende fazer apresentações públicas, inclua a sua conta no último slide e diga às pessoas para o seguirem.

Como em outras redes sociais, quanto mais gente o segue, mais rápido é o crescimento da sua comunidade. Retuitar e seguir pessoas são maneiras essenciais para conseguir novos seguidores. No entanto, conteúdo é tudo no Twitter. Por isso, é vital produzir mensagens consistentes e tweets de qualidade.

Há literalmente milhares de aplicativos para serem usados, mas apenas alguns capazes de realmente auxiliá-lo na construção da sua marca. Os aplicativos a seguir podem ajudá-lo a ficar em contato com a sua indústria, encontrar pessoas com quem se conectar e divulgar o seu conteúdo.

- Twellow: encontre pessoas em seu setor para seguir e se conectar com o uso desse aplicativo que funciona como uma espécie de diretório, do tipo "páginas amarelas";

- TweetBeep: acompanhe a reputação da sua marca, acionando alertas por e-mail quando ela for mencionada;

- TweetMeme: coloque um botão em seu blog que permite que seus leitores retuítem suas mensagens com mais facilidade;

- Hashdictionary: mantenha o controle das conversas que incluem hashtags no Twitter;

- Twitter Grader: um site que classifica a sua influência no mundo do Twitter com base em um algoritmo. Você pode ver onde está em sua cidade, estado ou país.

A promoção da sua marca

Usado da forma correta, o Twitter é um canal de mão dupla — lhe permite se conectar com pessoas que provavelmente jamais teria a oportunidade de conhecer pessoalmente. Nesse sentido, é um meio fantástico para estabelecer um diálogo informal com fãs do seu trabalho e romper o seu círculo imediato de potenciais clientes e amigos.

Facebook

No momento em que este livro foi escrito, o Facebook já havia ultrapassado a impressionante marca de um bilhão de usuários. Isso significa que a probabilidade de quem está lendo estas linhas agora estar no Facebook é superior a 50%. Por essa razão, dentre as mídias sociais, o Facebook é o construtor de tribos por excelência.

Nosso foco aqui é a sua página ou fan page — onde seus fãs e seguidores podem "curtir" a sua marca. Sua página permite um número ilimitado de "fãs" e, quanto mais ampla a base, maior o valor percebido de sua marca pessoal.

Páginas se destinam a promover negócios e marcas, desde a Coca-Cola até Barack Obama. Essas páginas se assemelham aos perfis pessoais, só que são voltadas para o mercado corporativo. Através de uma página, a sua marca pode se tornar viral. Outra vantagem é ajudar a melhorar o ranking para o seu nome no Google.

Ter uma página no Facebook também permite manter as conexões públicas separadas das pessoais. Você pode criar uma página com o seu domínio personalizado e nomeá-lo como desejar, desde que esteja disponível. Assim que a página obtiver mais de 29 "curtir", se tornará oficial.

Todo empreendedor ou profissional liberal deveria ter uma estratégia de marca para o Facebook, baseada não ape-

A promoção da sua marca

nas na audiência que pretende atingir, mas em seus objetivos de vida em geral. Dependendo de quem você é, de onde está na sua carreira e da sua especialidade, divulgará a sua marca de formas diferentes.

Os objetivos incluem, entre outros, ampliar o reconhecimento da sua marca, dirigir tráfego para o seu blog, e construir listas de potenciais clientes ou uma comunidade em torno do seu tópico. Você pode ter múltiplos objetivos desde que priorize os mais fundamentais.

Se ainda não possui uma página ou fan page, tem a oportunidade de começar do zero e construir algo representativo. Se já é um usuário, comece a analisar como a sua marca está sendo retratada e trate de personalizar a sua página a fim de refletir a sua estratégia de branding, preenchendo o cadastro de informações com dados adicionais, como o seu blog, sites que eventualmente já têm e links para os seus perfis em outras redes sociais.

Antes de começar a conectar e adicionar fãs à sua página, publique um perfil consistente. Essa página, onde seus fãs irão se quiserem saber mais a seu respeito, é a oportunidade inicial de dar às pessoas uma razão pela qual você é alguém com quem precisam estar conectadas. Utilize uma linguagem informal, se misture nos comentários e interaja com os outros. Seja verdadeiro com a sua marca, acessível e abordável. Publique conteúdo à altura do que se propõe como autoridade, mas sinta-se à vontade para compartilhar também coisas pessoais, a fim de humanizar o seu perfil.

Manter a página atualizada e atraente significa publicar postagens regularmente através da atualização do seu status, um reflexo de quem você é e do que faz. Você pode atualizá-lo com a entrada mais recente do seu blog, um novo projeto

A promoção da sua marca

em que esteja trabalhando ou o seu interesse em um trabalho em particular. Com base na sua estratégia de marca, vai atualizar periodicamente o seu status a fim de manter as pessoas informadas sobre as suas atividades.

Grupos no Facebook têm menos recursos do que páginas, mas ainda assim são importantes. Use um grupo para reunir pessoas em seu setor e para tornar-se um colaborador valioso, a fim de que a comunidade divulgue o seu blog, o seu produto ou você. Grupos permitem compartilhar links, vídeos, fotos e discussões.

Se já possui um blog e contas em outras redes sociais, como Twitter e Linkedin, e se a sua estratégia é promover a si mesmo, é essencial colocar um link através de um ícone do Facebook nesses outros sites.

Idealmente, assim como no seu blog, você deveria fazer um planejamento para a publicação de postagens, fotos, vídeos e links.

Você pode usar uma plataforma como a HootSuite para pré-agendar a publicação do seu conteúdo. Como regra geral, utilize o mix de 50/50, ou seja, publique 50% de conteúdo próprio e o restante de terceiros. Dê atenção especial às citações, pois pesquisas mostram que elas aumentam consideravelmente a possibilidade de ganhar um "curtir". Portanto, faça o dever de casa e pré-selecione algumas dezenas delas que tenham a ver com o seu tópico e publique-as de tempos em tempos.

Procure mixar fotos, pois poucas coisas são tão atraentes no Facebook quanto imagens. Estima-se que as fotos obtenham o triplo de cliques e de "curtir" que outras formas de

A promoção da sua marca

mídia, incluindo vídeos. Compartilhe infográficos, flashes em eventos corporativos e fotos que traduzam o seu estilo de vida. Opte sempre por imagens visualmente atraentes.

As mídias sociais basicamente são plataformas interativas. Portanto, o importante é estabelecer um diálogo permanente com a sua rede de contatos. Quer começar um diálogo e não sabe como? Faça perguntas. Pergunte algo curioso, engraçado ou interessante para iniciar uma conversa. Pergunte às pessoas o que pensam a respeito de tópicos relacionados à sua área e estimule-as a compartilhar seus pensamentos com a comunidade. Uma vez, postei uma enquete sobre qual marca as pessoas tinham se fidelizado primeiro em suas vidas e o retorno superou as minhas expectativas.

Como o diretor de marketing da sua marca, pense na sua fan page como um ativo digital e construa listas de clientes em potencial e de parceiros de negócios, independente daquela dos seus amigos.

A respeito de adicionar novos fãs, estudos demonstram que o tipo de gente que o segue é mais importante do que os números, ou seja, qualidade supera quantidade. Qualidade aqui significa gente com poder de influenciar, ou os chamados formadores de opinião. São essas as pessoas que geram ações virais e valor no ambiente das mídias sociais.

Crie uma lista com pelo menos 25 pessoas que considera influentes na sua categoria, e conecte-se com cinco delas semanalmente. Se não sabe identificar quem são, faça uma busca no próprio Facebook, no YouTube e no Twitter, e descubra através das suas palavras-chave quem está fazendo acontecer no seu mercado.

Se estiver em dúvida sobre o que poderia funcionar melhor para a sua marca em uma fan page ou precisando de um pouco de inspiração, dê uma olhada no diretório de páginas da própria rede e veja o que os outros estão fazendo que teria sentido para você. Acesse o diretório no seguinte endereço: http://www.facebook.com/pages/?browse.

Linkedin

Linkedin é uma rede social usada principalmente para network profissional — uma espécie de Facebook de terno e gravata. Em maio de 2012, anunciou ter superado a marca de 200 milhões de usuários, abrangendo mais de 200 países e territórios no mundo.

A lógica por trás do Linkedin é que as pessoas com quem mantém relacionamentos de negócio — seus clientes em potencial — vão acioná-lo para checá-lo antecipadamente, ver o quanto é profissional e confiável, e se assegurarem que se encaixa na imagem que o mercado projeta de você.

O perfil do Linkedin lhe permite listar até três sites. Recomendo selecionar o seu blog, as páginas web que você ou a sua empresa possuem e, possivelmente, a sua fan page. Em vez de deixar o título para cada link como "meu site", deve alterá-los para o nome real de cada um dos seus links, para ser associado com o endereço web (URL) correspondente, ajudando a otimizar o seu PageRank no Google.

Agora que tem um perfil atraente, é hora de começar a desenvolver as suas conexões. Se for novo no Linkedin ou quiser começar a construir a sua rede sem ter de procurar pessoas, use a função de importação. Você pode importar contatos do Windows Live, Hotmail, Gmail, Yahoo e AOL, além de pesquisar através da sua faculdade ou local de trabalho e adicionar pessoas com quem trabalhou ou estudou.

A promoção da sua marca

Agora que tem um perfil notável e uma rede considerável, é hora de se tornar um líder. Essa rede profissional disponibiliza algumas funcionalidades que o ajudarão a ganhar seguidores e, possivelmente, posicioná-lo como uma autoridade no seu campo de atuação.

Para posicionar-se como líder, a primeira coisa a fazer é iniciar um grupo. Grupos são ativos extremamente poderosos para a sua marca. Em vez de começar um em torno da sua empresa, caso tenha uma, faça-o em torno do tópico do qual pretende se apropriar.

Decida se deseja localizá-lo regionalmente ou torná-lo internacional, permitindo a qualquer um participar. Ao iniciar um grupo no Linkedin, você estará se posicionando automaticamente como um líder. Você deve convidar os seus contatos atuais para o seu grupo depois de analisar seus perfis para ver se estariam interessados. Você também deve promover o grupo no Facebook, no Twitter e através do seu blog, para ganhar uma base inicial de membros. Após alguns meses de geração de conteúdo, notícias, artigos úteis e discussões, a comunidade deverá crescer com base na atividade dos membros. Outra estratégia importante é divulgar o seu blog, que deverá gerar uma quantidade de tráfego significativa.

Em termos de plataforma social, o Linkedin é apenas uma peça do quebra-cabeça. Trate de completá-lo com perfis no Facebook e no Twitter, além do seu próprio blog ou site e perfis em redes sociais específicas da sua indústria. O seu perfil deve ser coerente com a sua presença online, o que significa usar o mesmo avatar, o seu nome completo e a sua declaração. À medida que a sua marca crescer ao longo do tempo, certifique-se que o seu perfil seja atualizado com as últimas informações sobre o seu trabalho e experiências.

A promoção da sua marca

Dependendo da sua atividade e dos seus objetivos profissionais e/ou empresariais, o currículo pode ser um elemento importante da sua marca online. Você dispõe de várias opções aqui. Pode criar um currículo detalhado — do tipo que incluiria em uma entrevista de emprego — através do assistente de criação que gera automaticamente um template profissional completo e lhe permite retomar de tempos em tempos para preencher os espaços em branco, bem como lhe informa qual percentual do seu currículo foi completado. Se estiver com dificuldade de completar o seu, navegue por alguns em seu setor e veja quais se destacam.

Outra funcionalidade disponível permite solicitar "recomendações" dos seus empregadores anteriores, colegas e contatos. Recomendações de terceiros verificáveis dão um enorme impulso em termos de credibilidade. Você também vai saber quando as pessoas estão procurando-o e terá acesso a quem pode ajudá-lo, agora e no futuro.

Imagine as infinitas possibilidades de conseguir links valiosos com profissionais de todo o mundo, e o quanto isso pode agregar valor à sua marca. O Linkedin provê um canal de mão dupla para atingir e se comunicar com uma audiência empresarial. Mais importante, uma audiência que o autorizou a se comunicar com ela e é, portanto, duplamente efetiva, porque se conectou proativamente com as suas ideias e pensamentos — ou seja, com a sua marca.

YouTube

O vídeo online é uma tendência que não pode ser ignorada e o YouTube é o carro-chefe das redes sociais de distribuição de conteúdo multimídia. Há dois pontos que podem ajudar a colocar as coisas em perspectiva. O YouTube é de propriedade do Goo-

A promoção da sua marca

gle, merecendo um tratamento privilegiado por parte do maior mecanismo de busca do planeta. Além disso, é o segundo maior buscador do mundo. Portanto, se um dos objetivos da sua plataforma é obter um ranking favorável no Google, não deixe de postar vídeos com certa regularidade no seu canal no YouTube.

Criar vídeos para distribuição online é extremamente fácil. Para começar, são necessários apenas uma webcam e um microfone. Caso não disponha desses artefatos, você pode gravar vídeos a partir da tela do seu computador usando softwares gratuitos. Muitas vezes, quanto mais simples o formato, melhor. Isso significa, por exemplo, simplesmente ligar a sua câmera e mandar o seu recado. Ou que tal, a partir do seu smartphone, entrevistar informalmente algumas autoridades na sua área e capitalizar sobre isso?

A razão para o vídeo ser tão eficaz na comunicação é que o público sente como se já o conhecesse a partir do momento em que se depara com a sua imagem. O vídeo gera uma sensação de proximidade, de como alguém realmente é, a partir da percepção da sua voz, rosto e gestual. O vídeo pode apoiar seus esforços de branding como nenhum outro meio de comunicação na web.

A primeira coisa a fazer é decidir como deseja se posicionar. Canais no YouTube que têm múltiplas faces devem ser compilados sob a mesma marca guarda-chuva em um tópico ou empresa. Ou seja, como o próprio nome diz, por marca guarda-chuva, entenda o tópico mais abrangente que encobre toda a sua atividade. Em vez de diluí-lo em vários subtópicos, dispersando e fatiando a sua audiência, procure focar em um conceito que englobe a maneira como pretende posicionar a sua iniciativa. Canais que têm apenas um rosto e uma voz devem ser rotulados debaixo do seu nome completo. Isso é importante porque não é possível mudá-lo posteriormente.

A promoção da sua marca

Dependendo da sua estratégia, você pode escolher o seu nome completo, ou o da sua empresa, para o seu canal. Por exemplo, se quiser se divulgar como um perito no seu campo, deve fazê-lo sob o seu próprio nome. A URL que receberá ao se registrar será algo como "youtube.com/usuário/seu nome completo".

Assim como no Twitter, Linkedin e Facebook, preencher o seu perfil é de suma importância, pois vai permitir que o localizem em uma plataforma onde milhões estão competindo por atenção. Você pode fazer o upload de um avatar ou usar uma imagem do seu vídeo mais recente. Também terá de adicionar uma URL única, que deve ser o site que melhor o representa, como o seu blog ou o seu perfil do Linkedin.

O YouTube permite personalizar o seu canal de usuário, a fim de se diferenciar. Para personalizá-lo, entre na sua conta e veja a versão atual. Clique em "Editar canal" e, em seguida, em "Configurações" e escolha um título para o seu canal que traduza o que você faz. À direita, você deve colocar tags que reflitam o conteúdo dos seus vídeos, pois é assim que as pessoas vão encontrar o seu material durante uma busca.

Clicando em "Temas e Cores", você pode selecionar as tonalidades e a aparência geral, que devem se alinhar com o seu site, blog, cartão de visita, PowerPoint, etc. Também pode enviar a sua própria imagem de background e alterar fontes e cores.

Agora que apresentou ao público um perfil legítimo, você pode começar a publicar vídeos a fim de colocar a sua marca no centro das atenções. Certifique-se que todos os vídeos vão girar em torno do tema do seu canal, e preencha o título, a descrição e as tags de cada um com as suas palavras-chave. Na descrição, deve haver um link para o seu blog ou site, porque as pessoas podem nunca ter ouvido falar da sua marca antes. Depois de cinco ou seis vídeos publicados, deve começar a promover o seu canal para o seu público, assim como a cada novo vídeo publicado.

Ao promover o seu canal e os seus vídeos, utilize primariamente a rede de que já dispõe. Para facilitar a divulgação, o YouTube simplificou o processo de compartilhamento através de várias redes sociais. Assim, você pode adicionar os seus vídeos automaticamente no seu perfil ou página no Facebook. Essa é uma ótima maneira de dar mais visibilidade a cada um dos seus vídeos sem trabalho adicional. Você também pode fazer conexões diretas com o Twitter e com o Google+.

Além das redes sociais, deve postar seus vídeos no seu blog. Desde que se sinta à vontade diante de uma câmera, o seu canal no YouTube pode se tornar um ativo importante para a sua marca.

Google+

O Google+ está rapidamente se tornando uma das principais plataformas de mídia social, com um crescimento exponencial. Entre outras razões, simplesmente porque é a rede social criada pelo maior mecanismo de busca do mundo.

Além de ser um bom canal para direcionar tráfego para o seu blog, pode impulsionar o seu ranking nos mecanismos de busca e ainda gerar visibilidade. Uma coisa é evidente: ele já está aparecendo nos resultados de pesquisa na web, o que significa que vem sendo dada prioridade para o conteúdo compartilhado dentro da rede do Google+. Isso mostra que o Google está se transformando em um mecanismo que compreende não apenas conteúdo, mas também pessoas e relacionamentos. Como é

A promoção da sua marca

possível antever, está no caminho de transformar o modo como interagimos socialmente online.

Eis aqui alguns passos básicos para fazê-lo funcionar para a sua marca.

A primeira coisa é criar a sua conta. Você pode se inscrever usando o seu perfil atual do Google ou, caso não tenha, criando um novo. Se quiser garantir que os aplicativos atuais da sua conta estejam perfeitamente integrados, crie a conta utilizando aquela já existente no Google.

A inscrição é bastante simples, bastando digitar o seu nome e sobrenome. Caso já tenha um negócio, também terá a oportunidade de criar uma página comercial, similar à fan page do Facebook. Em seguida, faça o upload de uma foto. Depois de ter concluído a sua assinatura, será solicitado a convidar amigos em seus círculos que tenham o Google+ e pesquisar seus contatos de e-mail no Gmail, Yahoo ou Hotmail.

O passo seguinte é elaborar o seu perfil. Antes de começar a conectar e adicionar seguidores para os seus círculos, é necessário criar um perfil forte. Assim, você poderá tirar proveito do Google+ para obter exposição para a sua marca pessoal e direcionar tráfego. O perfil permite adicionar, além dos seus detalhes de contato, links para o seu site ou blog e, ainda, de três a cinco links para os seus perfis em redes sociais. Aproveite para utilizar plenamente o background para exibir as fotos que melhor distinguem você e a sua marca. Em seguida, acrescente a minibio, similar à que tem em outras redes sociais.

Enquanto o Twitter, o Facebook e o Linkedin permitem criar o que é chamado de "vanity URL", ou seja, um endereço web customizado, o Google+ não tem esse recurso. Por isso, a sua URL aparece seguida de uma infinidade de algarismos. Mais ou menos assim: https://plus.google.com/102229962150902607675/posts. Não dá nem para colocar no seu cartão pessoal. Em algum momento futuro, pode ser que inclua recursos que permitam uma "vanity url", mas, até que isso aconteça, utilize um serviço chamado Gplus.to para criar uma URL amigável.

Depois de ter formatado os dados básicos e configurado as opções de privacidade, comece a adicionar círculos. O Google+ opera com o conceito de criação de círculos, o que permite categorizar suas conexões e informações seletivamente e compartilhar seu conteúdo apenas com determinadas pessoas. Você pode, por exemplo, postar algo para ser acessado apenas pela sua família. Ao selecionar "família" como círculo, apenas ela estará apta a acessá-lo.

Sugiro que crie uma lista de círculos para ajudá-lo a organizar e categorizar conteúdos específicos. Depois de ter criado os seus círculos, você precisa começar a preenchê-los. Para encontrar pessoas para adicionar aos seus círculos, clique no ícone correspondente. Aqui, poderá ver os seus contatos do Gmail e outros que o Google+ sugere que poderia conhecer. Embaixo, verá um painel exibindo os seus círculos — amigos, família, conhecidos, parceiros, etc. Você pode adicionar pessoas para esses círculos arrastando a sua imagem em um círculo já criado ou criar novos círculos arrastando-as para o espaço em branco no círculo no lado esquerdo. Depois de esgotar a sua lista de contatos importados ou sugeridos, para encontrar novas pessoas, basta digitar o nome na caixa de pesquisa. Há ainda a opção de busca com base em marcas ou palavras-chave para encontrar pessoas relacionadas a eles. Você também pode adicionar alguém ao seu círculo diretamente do seu perfil.

A maneira mais fácil de se manter ativo no Google+ é adicionando conteúdo relevante em torno do seu nicho. Eis aqui uma oportunidade única para estabelecer-se como um líder na sua categoria, em um espaço onde a concorrência pode ainda não estar tão ativa. Como acontece com qualquer rede social, a regra de ouro é sempre gerar valor. Antes de postar, pergunte-se se vai ser benéfico ou útil para os outros.

A melhor maneira de direcionar tráfego para a sua conta é promovendo o seu perfil. Você pode fazer isso a partir do seu site, blog e de outras plataformas online. Basta visitar a página de ferramentas do Google+ para personalizar o ícone "+1". Copie e cole o código gerado para ativá-lo e exibi-lo no seu site ou blog. Adicionar esse recurso permite aos visitantes recomendar o seu conteúdo com um único clique. Relatórios divulgados recentemente demonstram a força do Google+: sites que usam o botão "+1" têm gerado um tráfego três a cinco vezes superior ao dos que não possuem o botão instalado.

Para finalizar, lembre-se daquela máxima do marketing, segundo a qual pessoas fazem negócios com quem conhecem, de quem gostam e em quem confiam. Sendo assim, como empreendedores criativos, precisamos aprender a usar as redes sociais para fazer com que mais pessoas nos conheçam, gostem e confiem na gente.

Outros recursos para ampliar o poder da sua plataforma

Como já mencionado, existem literalmente milhares de sites que permitem criar contas gratuitas e interagir com os outros. Embora não seja necessário participar ativamente de todos, é recomendável registrar o seu nome de usuário e um perfil padrão e

A promoção da sua marca

consistente no maior número possível de sites. O seu principal objetivo aqui é uma ação preventiva a fim de reservar o seu nome de usuário para que um homônimo não venha a fazê-lo. Esse processo pode ser um pouco demorado, mas vale o esforço.

Esse é o lugar onde a sua preparação vem a calhar. Se compilou toda a arquitetura de marca — valores, atributo principal, posicionamento, declaração, slogan, minibio, etc. —, então é apenas uma questão de copiar e colar.

Quase todos esses sites permitem relacionar o seu site ou blog, além de contas no Twitter e Facebook. Certifique-se, portanto, de criar links para o seu blog e os seus perfis de mídia social.

Aplicações web que facilitam o compartilhamento de informação interativa, possuem design centrado no usuário e colaboração online são chamadas de diretórios "web 2.0". Em contraste com sites estáticos, um 2.0 não limita seus usuários a uma visualização passiva das informações, permitindo interagir com outros para alterar o conteúdo. Exemplos de serviços web 2.0 onde se cadastrar incluem o Squidoo, HubPages, SlideShare e Scribd.

O Squidoo, situado entre os 500 sites mais visitados no mundo, é uma comunidade que permite aos usuários criar páginas, chamadas de "lentes", para assuntos de interesse muito específico.

O HubPages é um serviço similar, projetado em torno da divisão de receitas oriundas de publicidade a partir de conteúdo gerado pelo usuário. A interface permite aos membros criar páginas individuais sobre temas específicos. O HubPages usa o AdSense, programa de publicidade do Google, para gerir a receita e dividir com os autores.

A promoção da sua marca

Pode valer a pena criar um site no Squidoo ou no HubPage em torno de um tópico específico, que seja relevante para o seu setor e possa gerar links para o seu blog e os seus sites de mídia social.

O SlideShare é um site onde os usuários podem carregar, ver, comentar e compartilhar slideshows e apresentações em PowerPoint, enquanto o Scribd permite postar documentos em vários formatos e incorporá-los em uma página web usando o formato iPaper. Cerca de 50 milhões de usuários mensais visitam o Scribd e mais de 50 mil documentos são enviados diariamente. Você pode fazer o upload de apresentações de slides, documentos e relatórios relevantes para a sua indústria e gerar links para seu blog e sites de mídia social. Mais uma vez, em todos esses serviços, você deve procurar registrar o seu nome de usuário, criar um perfil profissional e "linkar" seu blog e sites de mídia social.

A próxima área de foco em sua estratégia de marca digital é divulgar automaticamente o seu conteúdo para tantas fontes quanto possível. Nossa recomendação, de centrar a sua plataforma em torno de um blog, vai permitir distribuí-lo facilmente, utilizando qualquer um dos canais a seguir. A maioria dessas estratégias requer uma única configuração, a partir da qual trabalharão por conta própria.

Bookmarks sociais

Em um sistema de bookmarking, os usuários salvam links para páginas da web que querem guardar. Esses bookmarks são públicos e podem ser salvos em particular, compartilhados apenas com pessoas ou grupos específicos, somente dentro de certas redes, ou qualquer outra combinação entre domínios públicos e privados. As pessoas autorizadas podem ver esses bookmarks normalmente, cronologicamente, por categoria ou tags, ou através de pesquisas.

Existem vários plug-ins na plataforma WordPress que permitem adicionar links para sites de bookmarking social para cada um dos seus posts, e há também alguns especializados que podem criar automaticamente marcadores em sites de bookmarking social para criar links instantâneos para as suas mensagens.

Diretórios de blogs

Um diretório de blog é um diretório na web especializado em coletar links para blogs e categorizar esses links por vários critérios. Além dos passos básicos de adição de palavras-chave atraentes, títulos, descrições e URL amigáveis, a estratégia de SEO começa por cadastrar o seu blog nos diretórios. Isso é feito em duas etapas. Primeiro cria-se uma conta e, em seguida, é preciso provar que você é o autor através da inclusão de um código único a ser adicionado ao blog.

A próxima etapa do processo de construção de uma plataforma online de branding pessoal, sistemática, consiste em gerar links de alta qualidade para o seu blog a fim de obter um bom ranking no Google.

Eis a seguir maneiras pelas quais pode obter links.

Marketing de artigos

Há uma grande quantidade de diretórios de artigos com altíssimo ranking que podem proporcionar uma excelente fonte de links para o seu site ou blog. O acordo com esses diretórios é simples: você cria conteúdos originais e os publica, e, em troca, pode criar uma bio curta, com links para o seu site.

Como dito anteriormente, uma bio bem escrita é parte importante do branding pessoal online, pois mostra a sua expertise, aumenta a sua visibilidade e impressiona potenciais clientes ou parceiros de negócios. A informação a disponibilizar em uma breve bio inclui a sua experiência, background, conquistas, metas e habilidades profissionais.

Fórum e comentários em blogs

Outra forma de gerar links é através da participação em discussões em fóruns relevantes para a sua indústria. É habitual e aceitável deixar uma linha de assinatura abaixo do seu nome ao assinar uma postagem do fórum, onde pode criar um link para o seu blog ou conta no Twitter.

Você pode encontrar fóruns relacionados ao seu setor fazendo uma pesquisa no Google por "<sua indústria ou palavra-chave> fóruns".

Uma nota de cautela: nunca faça spam ou crie comentários sem valor. Tal prática não é bem-vinda e você pode ser proibido de postar ou entrar na lista negra a partir desses fóruns. Quando em dúvida, leia as discussões em curso e tente contribuir com algo relevante.

Vídeo marketing e podcast

O vídeo online e o podcast podem ser um meio eficaz para gerar links de qualidade para os seus sites. Uma das razões para haver

A promoção da sua marca

menos concorrência nesse tipo de geração de link é que menos concorrentes têm tempo disponível para criar vídeos e podcasts.

A criação de vídeos de alta qualidade não é algo complexo e está se tornando cada vez mais fácil para o não profissional. Criar vídeos com conteúdos como comerciais, depoimentos de clientes, histórias de sucesso, treinamento e tutoriais, estudos de caso, análises de produtos ou entrevistas podem ajudar a construir a sua credibilidade online.

Há também serviços gratuitos para enviar o seu vídeo para múltiplos sites de compartilhamento, como o TubeMogul, que permite acompanhar até mesmo as estatísticas de tráfego para os seus vídeos.

Assim como você pode pensar sobre um canal no YouTube como o seu próprio canal de TV, imagine que o podcast é a sua própria estação de rádio. Na verdade, um podcast nada mais é do que uma série de gravações de áudio compiladas sob um nome. Aliado à facilidade em ser produzido, vem se firmando definitivamente como um canal de altíssimo potencial para a construção de audiências, graças também ao número crescente de pessoas cada vez mais dispostas a ouvir do que, por exemplo, a ler conteúdos.

Plataformas poderosas como o iTunes, da Apple, transformaram alguns podcasts em verdadeiros campeões de audiência. Se você acredita que pode se sair melhor apenas gravando a sua voz em um microfone do que falando para uma câmera, a publicação de um podcast pode ser de grande valia para a sua marca.

O seu podcast pode ser formado por uma série de artigos lidos por você mesmo e publicados semanalmente como se

A promoção da sua marca

fizessem parte da programação de uma rádio. Para incrementá-lo um pouco mais e conferir um toque mais profissional, vale a pena lançar mão de pequenos artifícios, como incluir uma vinheta musical.

A propósito da questão de gerar conteúdos relevantes de forma sistemática, vale aqui um toque a respeito do que se convencionou chamar de "reciclagem" de conteúdos. Qualquer iniciativa, por mais articulados e experientes que sejam os seus responsáveis, esbarra em limitações de tempo, entre outras, para produzir conteúdo original dia após dia. Uma boa estratégia para superar esse desafio consiste exatamente em reciclar conteúdos. Reciclagem seria, por exemplo, reaproveitar artigos que foram publicados no seu blog para transformar em episódios do seu podcast, ou aproveitar episódios do seu podcast para gravar uma série de vídeos para o seu canal no YouTube, e assim por diante.

Publicidade paga

A maioria das estratégias que descrevemos até aqui é gratuita ou praticamente livre de custos. Quando tiver esgotado todo o arsenal de ferramentas de geração gratuita de links, poderá considerar opções pagas para promover o seu blog e a sua marca.

A forma mais comum de publicidade paga é o chamado pay-per-click (PPC), ou search engine marketing. Os anunciantes dão lances em palavras-chave relevantes para o seu mercado-alvo nos mecanismos de busca, mas a cobrança é feita apenas quando uma pessoa clica em seus anúncios.

Uma tendência crescente em publicidade online são anúncios pagos em mídia social. Empresas como o Facebook oferecem espaço publicitário, permitindo aos anunciantes um controle mais preciso sobre os dados demográficos específicos para onde desejam direcionar seus anúncios.

Website

Para a maioria das atividades e iniciativas, uma estratégia de marca pessoal online centrada em torno de um blog deverá ser suficiente. No entanto, caso perceba que o seu negócio carece de uma abordagem mais institucional, poderá complementá-la com um website.

Uma parcela cada vez menor do mercado ainda trabalha com a expectativa de que a sua marca tenha um site, um meio fácil de checar uma empresa e decidir ou não iniciar um relacionamento comercial.

Você provavelmente deve estar em uma de duas situações: tem um website e quer atualizá-lo, ou eventualmente deseja ter um. Em ambos os casos, existem diversas opções acessíveis para criar o seu próprio website, incluindo programas que praticamente desenvolvem e publicam tudo para você. Antes de usar essas ferramentas, porém, tente responder a seguinte pergunta: por que criar ou manter um website? Parece óbvio, mas não é, pois ele pode atender a um número ilimitado de demandas do seu negócio.

As principais motivações que levam empresas a ter seu próprio site são credibilidade, prospecção e relacionamentos. Leve em conta, porém, que pelo menos duas dessas áreas, relacionamentos e prospecção, estarão cobertas pelo seu blog em conjunto com as redes sociais, que vão funcionar como a sua plataforma, disponibilizando novidades e lhe permitindo manter uma comunicação online com todo o mundo. Portanto, a única motivação para manter um site recai sobre a questão da credibilidade, que, aliás, um blog também é capaz de prover. Um site poderia representar uma ferramenta de relações públicas, onde os potenciais clientes poderiam checar a sua empresa sem nenhuma pressão de venda, como uma central de informações 24 horas para clientes em potencial e para a mídia. Além disso, poderia ajudar na captura de dados cadastrais a fim de ampliar a sua base de dados e também para distribuir conteúdo digital, como um folder ou programas para download, embora um blog WordPress disponha de todas essas funcionalidades. Se pretende operar com comércio eletrônico, também poderia funcionar como uma loja virtual aberta 24 horas.

Antes, porém, de começar a desenvolver o seu website, é recomendável um planejamento contendo todas as características e funcionalidades que deseja. Para definir o que o seu site deve conter, foque na sua atividade, no nível de digitalização do seu público-alvo e nas metas da sua empresa.

Em seguida, responda as seguintes perguntas:

Você necessita apenas de um folder online que forneça informações sobre os seus serviços? Deseja que os seus potenciais clientes possam baixar literatura? Pretende fazer vendas online e aceitar pagamento com cartão de crédito? O seu público-alvo demanda funcionalidades sofisticadas, como animação e design? Quer coletar dados dos visitantes através de cadastros para envio de newsletter? O seu website deverá conter um portfólio dos seus trabalhos, com exemplos e estudos de caso? Seria conveniente que os clientes pudessem monitorar projetos online? Como o seu site servirá aos objetivos do seu negócio?

Quando tiver respondido, terá material suficiente para o seu planejamento e poderá contratar os serviços de um ou

A promoção da sua marca

mais profissionais para ajudá-lo na tarefa de construir o seu site, de acordo com o nível de sofisticação que deseja. Você vai precisar basicamente de serviços em três áreas, que poderão vir de um único ou de mais de um profissional: web design, programação e conteúdo.

Um web designer lida com a parte visual do site, criando a arquitetura, a diagramação das páginas e os ícones gráficos. O programador é responsável por desenvolver programas de acordo com a complexidade do website, que podem variar de simples animações a complexos bancos de dados, passando ainda por funcionalidades de segurança, entre outras. Caso o seu site não seja muito complexo, um web designer pode dar conta de tudo, sem a necessidade de um programador. Finalmente, a parte do conteúdo, formada basicamente por textos, pode ser entregue a um redator, de preferência com experiência prévia em linguagem web.

De uma forma geral, a arquitetura de um website profissional, independente da atividade, deve conter as seguintes páginas: uma home page direta e impactante, a primeira a ser visitada por um internauta, que deve reforçar a marca imediatamente. Isso significa, entre outras coisas, ter unidade com a sua identidade, uma mensagem clara, forte e resumida, direcionando os usuários para links de acordo com suas necessidades, e uma navegação amigável e inteligível.

Em seguida, deve conter uma página sobre você e a sua equipe, ilustrada com fatos relevantes da sua biografia e, eventualmente, com perfis. A página seguinte poderia ser a de serviços, com uma breve descrição do que você oferece e para quem, destacando características e benefícios, e não apenas fatos. Deve dizer claramente ao usuário como a sua oferta pode beneficiá-lo. Anexa a esta, uma página com estudos de caso e testemunhais, a fim de conferir maior cre-

A promoção da sua marca

dibilidade ao seu trabalho. Finalmente, uma página com informações para contato, contendo o seu endereço, telefone e e-mail. Se quiser ir um pouco mais além, inclua um formulário online para preenchimento com dados cadastrais dos visitantes e com campos para envio de dúvidas e sugestões, útil na construção da sua base de dados.

Outras seções comuns incluem uma relação com links para os seus principais clientes e parceiros, referências úteis no seu campo de atividade, novidades, além de uma página com artigos de interesse para o seu público-alvo.

Áreas complexas que requerem ainda mais programação podem ser acrescentadas caso queira criar diferenciais competitivos, tais como seção de download para baixar documentos no formato pdf, seção de comércio eletrônico caso tenha a intenção de fazer vendas online, mecanismo interno de busca a fim de facilitar a procura por informações e cadastro para assinatura de newsletter digital, entre várias outras disponíveis.

Uma vez mais, vale lembrar que todas essas funcionalidades podem ser incorporadas ao seu blog na plataforma WordPress, e com muito mais facilidade. Para gerar tráfego para o seu site e torná-lo conhecido, você deve seguir os mesmos passos recomendados para a divulgação do seu blog.

CAPÍTULO 7

Todos podem construir uma marca digna de ser lembrada

> **Eu sei quem eu sou agora.**
> **E eu sou a minha própria marca.**
>
> **Chloe Sevigny, Atriz**

Percorremos um longo caminho e, a esta altura, você já deve ter uma noção bastante precisa da sua marca, das ferramentas disponíveis para auxiliá-lo em sua construção e dos canais para divulgá-la, a fim de atingir e conquistar o seu mercado.

Começamos por realçar a importância de se posicionar como marca na atual arena dos negócios. Refletimos sobre as estratégias implementadas pelas grandes marcas do nosso tempo e, a partir daí, extraímos lições sobre a forma como se posicionaram para conquistar e manter mega-audiências globais.

Constatamos que o eixo das marcas se deslocou na direção do indivíduo e que cada um de nós, independentemente da atividade, tem que assumir o controle sobre a forma como é percebido pelo mercado.

A construção e o posicionamento de uma marca própria resultam em uma série de benefícios para o seu autor, incluindo desde a percepção como autoridade em seu campo e a condição de líder em sua categoria até a possibilidade de praticar preços acima da média, além de estabelecer um link emocional e permanente com uma audiência ideal, capaz de garantir sustentabilidade à sua iniciativa.

Todos podem construir uma marca

Identificamos nas circunstâncias do atual cenário global as condições que acabaram nivelando todas as iniciativas no mesmo patamar, graças à interação promovida pela web e pelas redes sociais, a democratização dos meios de publicação e distribuição de conteúdos e o acesso a canais de mídia com impacto ilimitado.

Essas circunstâncias abriram um leque de oportunidades para qualquer um com uma marca bem posicionada alavancar resultados na medida em que seja capaz de cativar uma audiência específica com a geração contínua de valor percebido.

Descortinamos todo o processo de construção de uma marca própria de sucesso ao longo de quatro fases principais, subdivididas em vários tópicos relevantes.

Começamos pela fundação, onde buscamos identificar aquilo que existe de mais único e distintivo em cada um, dos seus próprios valores à história pessoal, como base para modelar uma identidade absolutamente autêntica.

Em seguida, nos debruçamos sobre a fase do posicionamento, onde, a partir de critérios específicos, identificamos um nicho de atuação consistente e uma audiência capaz de valorizar o que cada marca tem a oferecer. Avaliamos o peso da concorrência e destilamos atributos e diferenciais a fim de identificar a melhor posição para a sua marca, o eixo correto no qual se estabelecer para assegurar uma perspectiva de crescimento real para a sua iniciativa.

Chegamos à etapa da embalagem, onde reunimos todos os elementos para traduzir a essência da sua marca em uma mensagem poderosa, alinhada com os seus valores internos e as expectativas da sua audiência.

Por fim, chegamos até a fase de construção da plataforma da sua marca, a chave para ganhar visibilidade e notoriedade no universo das redes sociais. Desconstruímos cada um de seus elementos a fim de entender a sua dimensão no contexto da construção de uma tribo digital.

Descobrir a sua marca é encontrar a sua voz

Antes de nos despedirmos, gostaria de compartilhar com você uma história de sucesso, entre tantas que testemunhei, a partir da qual espero que descubra que construir a sua marca diz respeito a encontrar a sua voz no mundo e viver a sua vida de forma apaixonada, através daquilo que mais o move.

Quero compartilhar a história de Paola e de como ela percebeu que o processo de descoberta de sua marca pessoal poderia fazer diferença em sua vida e na dos outros. Por solicitação da própria, terei que manter seu nome completo, bem como o de sua iniciativa, em sigilo.

Após muitos anos de carreira trabalhando como profissional de RH em uma multinacional, Paola chegara a um ponto em que as coisas pareciam ter perdido o sentido. A insatisfação profissional havia se irradiado para outros aspectos de sua vida pessoal e ela de repente se percebeu no meio de uma crise existencial, sem saber que rumo tomar.

Independentemente do que viria a ocorrer nos meses seguintes, o aparente caos em sua vida iria se mostrar uma benção. Paola sentia que não estava crescendo profissionalmente, que não havia ninguém com quem se identificasse nos cargos acima dela e nem oportunidades de crescimento em seu futuro imediato. A única coisa capaz de manter seu astral durante esse período difícil era sua paixão por cantar, um hobby que a acompanhava desde cedo e que acabaria se revelando muito mais do que isso.

Paola se dedicara à música desde os cinco anos de idade, mas sempre encarara seu dom natural para cantar apenas como um

Todos podem construir uma marca

hobby, mantendo-o separado de sua vida profissional. No trabalho, sentia cada vez mais que não estava crescendo profissionalmente. A cada dia ficava mais difícil se sentir preenchida e realizada. Além disso, a ameaça de uma demissão havia tempo pairava sobre seu departamento.

Aquele momento de incerteza e indefinição acabou abrindo uma brecha para que Paola pudesse explorar novos caminhos e redefinir prioridades. A ameaça do desemprego acabou se tornando real e, por isso, acabou entrando em um programa de demissão voluntária. Sempre soube que, se tivesse a energia e os recursos para fazer o que gostaria, provavelmente colocaria seus esforços na música. Não havia como se livrar disso, pois acabava sempre voltando para as canções.

Foi mais ou menos nessa época que Paola entrou pela primeira vez em contato com a ideia de desenvolver e posicionar uma marca própria. Embora a princípio não conseguisse se ver como uma, sabia intuitivamente que precisaria definir um posicionamento e se divulgar como alguma coisa clara e benéfica para uma audiência se quisesse obter sucesso em sua jornada.

Tentando se manter com os recursos que obtivera da demissão voluntária, Paola começou o movimento de descoberta de sua marca. Ela ingressou no programa de coaching privado que eu mantenho para clientes que desejam acelerar o processo de se estabelecer no mercado a partir da perspectiva de uma marca própria. A partir daí, começamos a trabalhar em encontros semanais à distância, através do Skype, já que estávamos em cidades distintas, ela no interior de São Paulo e eu no Rio.

Lembro que, em uma dessas primeiras sessões, quando confrontada com a questão de que precisaria representar algo único, que sua marca tinha que ser distinta, Paola replicou com a seguinte frase: "Simplesmente não existe nada de distinto nem me-

176

Todos podem construir uma marca

morável na minha pessoa". Embora não fosse a primeira vez que ouvia isso, a maneira como soltou a frase, escandindo as palavras como se quisesse mostrar o quanto se sentia incapaz de valorizar alguma coisa nela própria, mexeu comigo. Pensei em tantas pessoas que conheci que jamais receberam uma palavra sobre seu potencial, sobre a possibilidade de fazer a diferença no mundo simplesmente sendo quem eram e se valendo de sua bagagem de vida, experiências, enfim, de tudo de único que existe em cada um. Começamos juntos a auditar seu background, a entender melhor quais eram seus principais motivadores, como enxergava seu principal atributo e a qual audiência gostaria de servir. Durante esse processo surgiram várias descobertas, entre as quais a de que sua mãe havia tentado uma carreira como cantora lírica e aparentemente abandonara a ideia para cuidar da família. Aos poucos, sua marca distinta e única foi emergindo. Um facho de luz começou a surgir em meio à névoa.

Paola conseguiu um emprego de meio período e, com o tempo que lhe sobrava, começou a definir para onde gostaria de conduzir sua vocação. Definitivamente não se via como alguém disposta a abraçar uma carreira artística, embora talvez tivesse talento e recursos vocais para tanto. Quando começou a avaliar possíveis nichos para sua marca, viu que poderia unir a habilidade de lidar com as pessoas, desenvolvida ao longo de tantos anos na função de recursos humanos, com seu talento natural para a música.

Paola percebeu que poderia se sair muito bem ensinando lições de canto. Embora a maior parte de sua formação musical tivesse se dado de forma autodidata, ela estava familiarizada com os métodos de aprendizado vocal. A dedicação necessária para ensinar e formar pessoas se alinhava perfeitamente com seus valores. A bagagem como profissional de recursos humanos aliada a uma disposição natural para buscar o melhor nas pessoas formavam uma base sólida no que acabamos identificando como seu principal atributo.

Todos podem construir uma marca

Quando nos debruçamos sobre a questão de qual seria seu nicho de atuação, Paola revelou seu interesse em trabalhar com um público mais jovem, com uma audiência infantojuvenil. De vez em quando, olhava com curiosidade para um grupo de adolescentes que costumava se reunir em uma esquina próxima à sua casa. Quase todos de origem muito humilde, moravam nos conjuntos habitacionais situados a poucos quilômetros. Quando se imaginou dando aulas de canto e capacitando pessoas, aquele grupo de jovens carentes imediatamente inundou sua imaginação. Pensou que seria fantástico se pudesse conciliar o posicionamento que desejava para sua marca com um viés social. Ou seja, iria se posicionar como uma espécie de coaching e mentora para adolescentes com talento para cantar. Agora era só uma questão de colocar as coisas no lugar certo. Para isso, seria necessário obter apoio através de um patrocinador disposto a custear o estudo daqueles jovens. Paola juntou-se a uma amiga que dispunha de alguns recursos iniciais e assim nasceu a "Voz das Ruas", o embrião de uma escola de canto dedicada a capacitar e promover o crescimento profissional de jovens carentes com talento para o canto.

Através de uma estratégia de divulgação baseada em uma plataforma digital, a audiência mais interessada na proposta de valor da escola não demorou a tomar conhecimento da iniciativa e os primeiros patrocinadores locais não tardaram a aparecer. Graças a uma parceria com uma escola do bairro, Paola conseguiu que fosse disponibilizada uma sala de aula fora do horário escolar para promover as primeiras reuniões com grupos de adolescentes e começar a selecionar os que tinham mais potencial para se tornarem os primeiros alunos bolsistas da escola.

A vida de Paola havia ganho um novo significado. Mais do que apenas identificar talentos e capacitá-los na arte de cantar, a iniciativa que havia construído estava transformando a vida daqueles adolescentes. Ao final do primeiro semestre de atividade, a escola já contava com mais de 30 alunos bolsistas, e uma parte deles havia se juntado para formar um coral e se apresentar em eventos na cidade, gerando uma pequena remuneração adicional para suas famílias.

Pela primeira vez em muitos anos, Paola se sentia plenamente realizada. Na véspera do Natal de 2012, recebi uma mensagem dela contendo um vídeo de poucos minutos. Quando assisti, não pude conter as lágrimas. Nele, o coral formado por alunos da escola fazia uma apresentação natalina em um evento patrocinado pela prefeitura local. À frente do coral, regendo os meninos, com um semblante quase heroico, estava a mulher que, um ano e meio antes, havia ousado sonhar em transformar sua vida completamente. Naquela mesma tarde, me conectei com ela via Skype. Ao parabenizá-la pela iniciativa e pelas conquistas, ela me confessou que sentia como se tivesse encontrado sua verdadeira missão, como se tudo que fizera até então tivesse sido apenas um ensaio para aquele momento.

O mundo precisa da sua marca

Abordar o mercado a partir dessa nova perspectiva, se percebendo, posicionando e divulgando como marca, significa desbravar todo um novo território de possibilidades e aspirações. Porém, se por um lado é possível descortinar um leque de infinitas oportunidades, por outro há espaço de sobra para dúvidas e inseguranças. Afinal de contas, em um mundo de celebridades instantâneas e transmissões com alcance global a um clique de distância, o poder de cada um é proporcional ao tamanho da competição pela atenção de todos.

Criar uma tribo virtual com fãs e seguidores tornou-se mais fácil graças às redes sociais, mas, paradoxalmente, mais difícil, porque agora todo mundo tem fãs e seguidores. Tudo isso tem implicações positivas e negativas para quem pretende construir sua própria marca a partir de agora. Reservei estas últimas páginas para uma espécie de minimanifesto, sublinhando pontos que permeiam o contexto onde, a partir de agora, iremos nos mover a

Todos podem construir uma marca

fim de destilar aquilo que temos de mais único em iniciativas que encontrem ressonância no atual estágio do mercado.

Nossa sociedade globalizada nos deu amplo acesso a uma gama enorme de oportunidades. Nossa geração está na posição ideal para desfrutá-las e nos tornarmos o que quisermos. O campo do jogo foi nivelado, há mais oportunidades à frente e estamos melhor equipados para nos distinguirmos na multidão.

Uma das coisas mais importantes na qual você pode se focar hoje em dia é em descobrir quem realmente é, sobre o que é apaixonado e como isso deve influenciar — e construir — a sua marca pessoal e a sua reputação.

Toda marca opera em duas dimensões: reputação e alcance. De preferência, as duas devem andar de mãos dadas. Isso significa deixar o seu trabalho falar por você. Pode parecer contraditório, já que a proposta é a sua marca ganhar a maior visibilidade possível. Isso não quer dizer parar de postar coisas no seu blog ou nas redes sociais a seu respeito, mas apenas estar atento à proporção entre falar e fazer.

Ou seja, em vez de se preocupar em ser popular, tente ser relevante. Procure refinar os seus atributos ou faça algo notável. Quanto mais próximo disso, mais distante a sua mente estará das métricas inúteis do populismo online.

Quando mencionamos a abordagem superficial proposta pelo marketing pessoal, falamos sobre a questão da imagem. Vamos voltar agora ao tema para sugerir outro parâmetro pessoal que influencia a sua marca. O ponto aqui é: tão ou mais importante que a imagem é a reputação. Não é propriamente difícil criar um personagem online que exale sucesso, mas foi-se o tempo em que você podia enganar a todos apenas com uma imagem superficial. Portanto, vá além da mera imagem que poderia edificar por detrás do anonimato de um

Todos podem construir uma marca

computador e construa alguma coisa que vá durar no longo prazo. Seja o que a sua marca diz a seu respeito, construa uma reputação.

Se realmente deseja que as pessoas saibam o seu nome e conheçam a sua marca, construa essa percepção de forma coerente com o que você é, seja bom naquilo que você faz. Em seguida, utilize o poder de alavancagem do branding pessoal para que pensem que é ainda melhor. Para isso, existem duas coisas que poderão agregar valor à sua marca: habilidades reais onde precisa delas e status de expert na área onde atua.

Para obter o primeiro, mude a forma como enxerga o seu mercado. Use um pouco de bom senso e alguma pesquisa para entender o que o seu mercado deseja e, em seguida, desenvolva as habilidades necessárias para atender a essas demandas. Depois, divulgue-se como o especialista em atender a essas necessidades.

Para ser percebido como um expert, deve-se trabalhar no nível da percepção. Um expert é alguém que sabe muito sobre um determinado assunto. Nesse sentido, você pode se posicionar como um se souber mais a respeito da sua atividade do que o seu mercado-alvo, ainda que as pessoas busquem comparar conquistas e qualificações formais entre vários especialistas. Se você conhece muito bem a sua atividade, então provavelmente já é um expert. A questão é se o seu mercado-alvo o percebe assim.

Finalmente, mantenha sempre um olho na concorrência, pois uma marca estabelece um posicionamento de marketing. Uma vez conquistada uma posição, você é um alvo. Uma posição forte é como uma montanha em um campo de batalha: todo mundo quer tomá-la. A fim de manter a sua posição, procure ser o primeiro a realizar movimentos estratégicos na sua área, visando se beneficiar do chamado "first move", ou seja, aquele que detecta primeiro novas tendências e demandas no mercado e se move estrategicamente no sentido de supri-las ou atendê-las. Sempre que possível,

Todos podem construir uma marca

divulgue-se consistente e agressivamente, pois sua marca deve ser "top of mind" para os membros do seu domínio, ou seja, o seu nome ou o da sua iniciativa deve ser um dos que vem primeiro à mente da sua audiência ao pensar sobre a solução que ela busca. Quando alguém tentar imitar a sua posição, e isso vai acontecer inevitavelmente, explore os pontos fracos do marketing do concorrente. Construa uma base sólida de referências, pois, se as pessoas o conhecem, gostam de você e se sentem confortáveis fazendo negócios consigo, dificilmente o trocarão por um concorrente.

Fazer o marketing da sua marca quase sempre não é o suficiente. É preciso vivê-la intensamente. Por essa razão é tão importante edificar uma marca que reflita exatamente quem você é e as coisas com as quais realmente se importa. Se a sua marca estiver totalmente em consonância com os seus verdadeiros princípios e em sintonia com a sua personalidade, não será difícil nem estressante estabelecê-la como a preferencial no seu domínio.

A sua marca, assim como você e eu enquanto seres humanos, é um organismo vivo. Portanto, ela deveria espelhar o mesmo tipo de progresso, evolução e maturidade vivenciados em nossas vidas.

Você não é perfeito e, como você, a sua marca também contêm imperfeições. Para ter sucesso na construção da sua marca, você não deve procurar escondê-las, varrendo-as para debaixo do tapete. Ao contrário, deve abraçá-las, trabalhar nelas e utilizá-las para ajudá-lo a moldar a representação mais verdadeira e autêntica de quem você é.

Eventualmente, você pode cometer erros com a sua marca e deve ter a oportunidade de aprender com eles. A vida é assim, e a sua audiência, tribo, seguidores e fãs vão achar mais fácil se associar com a representação autêntica de quem você realmente é, comparado a um clone qualquer ou a uma marca robótica que nunca comete equívocos.

Todos podem construir uma marca

Então, está pronto para se tornar aquilo que você sabe que pode e aspira ser? Invista o seu tempo enfatizando os elementos da sua marca pessoal na sua vida. Às vezes, por razões das mais variadas, da falta de apoio de amigos e suporte familiar a traços de personalidade, simplesmente não agimos como as pessoas que gostaríamos que o mundo visse em nós.

Steve Jobs, um dos grandes gênios do século, sintetizou essa ideia com as seguintes palavras: "Seu tempo é limitado, portanto não o desperdice vivendo a vida de outra pessoa. Não caia na armadilha dos dogmas — que significam viver de acordo com os resultados que os outros esperam de você. Não deixe que o ruído da opinião dos outros cale a sua própria voz interior. E, mais importante, tenha a coragem de seguir o seu coração e a sua intuição. Eles de alguma forma já sabem o que você deseja se tornar. Tudo o mais é secundário."

Acredito que temos uma história para contar. Ainda que nem todos a estejam contando, ou que essa narrativa necessariamente defina quem somos, ela vem de um lugar relevante dentro de nós, pois é quase sempre resultado de quem nos tornamos e daquilo que vivenciamos.

Acredito que cada um traz uma experiência única para a mesa. Uma combinação de paixões, talentos, habilidades, personalidade e presença que, juntos, fazem de cada um alguém absolutamente único.

Porque somos desenhados dessa forma, não é difícil concluir que cada um de nós traz um valor específico para o mundo à nossa volta. Não me refiro a valores intrínsecos como seres humanos, pois certamente os temos apenas por esse fato, mas ao valor oriundo das paixões que nos fazem levantar cedo da cama, dos talentos que nos distinguem da multidão, das habilidades que desenvolvemos através das nossas experiências, da personalidade que define como os

Todos podem construir uma marca

outros nos vivenciam, da capacidade de seguir lutando por aquilo em que acreditamos mesmo diante das maiores adversidades.

Esse valor pode não só tocar, mas mudar a vida das pessoas. Estou falando de você — e da sua marca. O valor que você traz tem potencial para mudar o curso da sua vida, família, comunidade, cidade, país e do mundo.

Sim, talvez ninguém ainda tenha lhe dito, mas você importa. E o que você faz, como faz e por que faz, tudo isso é muito importante.

Vivemos em uma cultura de celebridades. Temos a tendência de elevar aqueles que atingiram certo grau de reconhecimento acima do resto. Não estou dizendo que não há valor em aprender com um autor célebre, eleger alguém bem-sucedido como uma fonte de inspiração ou ser declaradamente fã de um expoente das artes. Eu mesmo faço isso o tempo todo. Porém, quando pensa sobre as pessoas mais memoráveis na sua vida, não acaba focando naquelas que você conhece de verdade? Afinal, quem impacta verdadeiramente o seu mundo?

Arriscaria dizer que talvez exista mais sabedoria no anonimato de alguns heróis do cotidiano do que na vida daquelas pessoas que colocamos em pedestais. Sim, existem marcas poderosas e autênticas em torno de você, aguardando apenas a sua própria permissão para ganhar a luz do dia.

Portanto, vá adiante e desenvolva a sua. Decida de que forma isso vai fazer parte da sua vida, como pretende usar o poder da sua marca a seu favor. Você deveria começar a construir — a esta altura, seria mais correto dizer aperfeiçoar — a sua marca antes mesmo de se sentir pronto para isso. Não existe nenhuma desculpa aceitável para não começar imediatamente.

Todos podem construir uma marca

O futuro é seu. A tecnologia está aí, disponível. As pessoas também, famintas por ideias que instiguem sua imaginação, ávidas por conhecimento, informação e conselhos que solucionem seus problemas e respondam suas questões.

No sentido mais puro e essencial, construir a sua marca diz respeito a ter liberdade e lutar por sonhos, perseguir um estilo de vida que o faça pular da cama todas as manhãs e se lançar no mundo a fim de fazer a diferença. Para construir a sua marca de sucesso, você precisa não só começar imediatamente, como também tem que fazer algo por ela todos os dias.

Eu tenho a crença de que uma marca pessoal sempre vai ultrapassar qualquer outra, profissional ou corporativa, que você construa ou ajude a construir. Quando sua startup fracassa, a marca dela morre. Quando abandona um emprego, sua marca profissional também fica desgastada.

Mas sua marca pessoal permanece.

Portanto, você vai nutrir e construir permanentemente a sua marca, o que vai lhe permitir ser flexível e literalmente saltar sem esforço de uma oportunidade para outra. Não importa se isso signifique desistir de um emprego para ir atrás de outro mais atraente, encontrar uma nova oportunidade em outra empresa ou decidir assumir o desafio de começar a sua própria. A sua marca pessoal é a razão pela qual será chamado para uma entrevista, a melhor maneira de ter uma audiência antes mesmo de decidir começar a sua startup, ou a forma de se unir a uma já existente.

Se construir e usar a sua marca da forma correta, poderá ter tudo isso e muito mais.

Todos podem construir uma marca

Por debaixo de todo o burburinho desta época de tantas transformações em que vivemos, uma coisa é absolutamente verdadeira: o mundo não necessita de mais uma marca corporativa.

O mundo precisa de você.

Precisamos da sua contribuição, conselho, mensagem, crença, inspiração, sonhos, insights e soluções.

Precisamos mais do que nunca da sua marca.

BIBLIOGRAFIA

Al Ries, J. T. (2000). *Positioning: The Battle for Your Mind.* McGraw-Hill.

Anderson, C. (2010). *The Long Tail: How Endless Choice is Creating Unlimited Demand.* Cornerstone Digital.

Ann Handley, C. C. (2012). *Content Rules: How to Create Killer Blogs, Podcasts, Videos, Ebooks, Webinars (and More) That Engage Customers and Ignite Your Business.* Wiley.

Bedbury, S. (2002). *A New Brand World: Eight Principles for Achieving Brand Leadership in the 21st Century.* Viking Penguin.

Chandler, S. (2012). *Own Your Niche: Hype-Free Internet Marketing Tactics to Establish Authority in Your Field and Promote Your Service-Based Business.* Authority Publishing.

Comm, J. (2010). *KaChing: How to Run an Online Business that Pays and Pays.* Wiley.

Deckers, E. (2010). *Branding Yourself: How to Use Social Media to Invent or Reinvent Yourself.* Que Publishing.

Ferriss, T. (2009). *The 4-Hour Workweek.* Harmony.

Gobe, M. (2010). *Emotional Branding: The New Paradigm to Connect People to Brands.* Allworth Press.

Hyatt, M. (2012). *Platform: Get Noticed in a Noisy World.* Thomas Nelson.

Ini, D. (2012). *Engagement from Scratch! How Super-Community Builders Create a Loyal Audience and How You Can Do the Same!* Firepole Marketing.

Bibliografia

Kawasaki, G. (2012). *What the Plus! Google+ for the Rest of Us*. McGraw Hill.

McNally, D. (2011). *Be Your Own Brand: Achieve More of What You Want by Being More of Who You Are*. Berrett-Koehler Publishers.

Montoya, P. (2002). *The Personal Branding Phenomenon*. Personal Branding PR.

Montoya, P. (2005). *The Brand Called You: The Ultimate Personal Branding Handbook to Transform Anyone into an Indispensable Brand*. Peter Montoya Pub.

Olsher, S. (2012). *Internet Prophets: The World's Leading Experts Reveal How to Profit Online*. Morgan James Publishing.

Peters, T. (1982). *In Search of Excellence*. Collin Business Essentials.

Ries, A. A. (2009). *The 22 Immutable Laws of Branding*.

Roberts, K. A. (2005). *Lovemarks*. Powerhouse Books.

Smith, M. (2011). *The New Relationship Marketing: How to Build a Large, Loyal, Profitable Network Using the Social Web*. Wiley.

Vainerchuck, G. (2009). *Crush It!: Why NOW Is the Time to Cash In on Your Passion*. Harper Studio.